화법 강의

라혜민 · 우인혜 · 김순우

선문대학교
SUN MOON UNIVERSITY

목 차

제 1 과

자기소개와 면접

도 입

1. 면접 볼 때 가장 자주 나오는 질문은 무엇이라고 생각합니까? 면접시험 때 자기소개를 인상적으로 하는 방법에 대해 서로 이야기해 보십시오.

2. 여러분은 처음 만난 사람과 어떤 주제에 대해서 이야기합니까? 다음 중 한 주제를 선택해서 옆 사람과 2~3분 동안 대화해 보십시오.

문화	가족	취미	유학 생활	진로	날씨

3. 다음 상황에서 자기소개를 해 보십시오. 어떤 내용을 중심으로 이야기하면 좋을까요?

1) 처음 만난 친구들 앞에서 자기를 소개할 때
2) 아르바이트를 구하는 광고를 보고 찾아갔을 때

표현 1

1. 다음에서 알맞은 것을 골라 문장을 완성하십시오.

경험을 쌓다,	적성에 맞다,	자격증을 따다,	역량을 발휘하다,	스펙을 쌓다

1) 졸업 전에 아르바이트나 봉사 활동 등 많은 ______________아야 취업에 유리하다.
2) 전문직에 종사하기 위해서는 관련 분야의 ______________는 일이 필수적이다.
3) 취직하기 어려운 요즘 대학생들은 ______________기 위해 어학연수를 가거나 많은 시험에 도전한다.
4) 내 친구는 ____________ 직장에 취직을 해서 자기 일을 늘 즐겁게 한다.
5) 자기가 좋아하는 일을 해야만 맡은 일에 최대한 ____________ 수가 있다.

2. 다음 상황에 알맞은 표현을 골라 문장을 완성하십시오.

- 제 전공/부전공은 ~
- 계통/분야에서 일하고 싶다
- -는 데 관심/소질이 있기 때문에

1) 전공을 설명할 때 :
________________ 은 언어학이고, ________________ 은 철학입니다.

2) 전공 선택의 이유를 설명할 때 :
제가 미대에 입학한 이유는 ________________________________ .

3) 장래 계획을 나타낼 때 :
저는 대학을 졸업한 후에 ________________________________ .

표현 2

1. 다음은 성격을 나타내는 표현입니다. 반대되는 성격을 골라 알맞게 표현해 보십시오.

내성적이다,	덜렁대다,	모나다,	비관적이다,	싫증을 쉽게 내다

1) 나는 <u>꼼꼼한 편</u>이라서 서두르지 않고 모든 일을 철저히 확인합니다.

⇒

2) 그 사람은 성격이 <u>원만해서</u> 모든 사람과 잘 어울립니다.

⇒

3) <u>끈기 있는</u> 사람은 아무리 어려운 일도 참고 완성할 수 있습니다.

⇒

2. 다음은 경력과 특기를 나타내는 표현들입니다. 이 표현들을 이용해서 자신의 경력이나 특기, 성격에 대해 소개해 보십시오.

경력이나 특기	봉사활동을 하다, 경력이 있다, 자격증을 취득하다 해외연수를 다녀오다, 장학금을 받다, 인턴사원으로 일하다
성격	희생정신이 강하다, 리더십이 있다, 도전 정신이 강하다 우유부단하다, 창의적이다, 융통성이 없다

연습 1

다음에 제시된 출생지, 성장지, 출신 대학, 근황을 보고 이 사람들의 약력을 말해 봅시다.

성명	출생지	성장지	출신 대학	근황
최민우	부산	부산	서울대 컴퓨터 전공	인턴사원 근무
마이클	미국	한국 인천	인천대 미대 전공	프랑스 유학준비
마유미	일본	동경	동경대 어학 전공	한국, 대학원

1) 최민우 씨는 ________에서 태어나 ________에서 고등학교 때까지 살았고, 대학교는 ________에서 다녔습니다. 대학교에서는 ________을 전공했고, 현재는 ________중입니다.

2) 마이클 씨는 ____
____
____.

3) 마유미 씨는 ____
____
____.

4) 나는 ____
____
____.

연습 2

1. 다음 내용을 참고해서 전공과 전공 선택 이유, 장래 희망에 대해서 대화해 보십시오. 서로 바꾸어 여러 전공으로 이야기해 보십시오.

전공	전공 선택 이유	미래 희망
약학과	아픈 사람을 돕기 위해	제약회사, 약사
언론 홍보학	TV 방송 일을 배우고 싶다	언론인, 광고회사
국제 관계학	국가 간 관계에 관심이 많다	외교관, 교수
디자인학과	옷을 만드는 데 소질이 있다	의류유통, 디자이너

가 : 전공이 어떻게 되세요?
나 : 제 전공은 ______________________________ .

가 : 왜 그 전공을 ______________________________?
나 : ______________(-고 싶어서/-는 데 소질이 있어서)______________ .

가 : 장래 희망에 대해서 좀 알고 싶은데요.
나 : ______________________________ 분야에서 일하고 싶어요.
______________________(-이/가 되고 싶어요./ -을/를 하고 싶어요.)

2. 짝과 함께 여러분의 전공과 장래희망에 대해서 대화해 보십시오.

가 : ____ .
나 : ____ .

활동 1

어떤 상황에서 자신을 소개하려고 합니까? 아래 표를 작성한 후에 팀별로 발표해 보십시오.
각 팀에서 가장 인상적인 자기소개를 1-2 개씩 발표해 봅시다.

상황	소개 내용 및 순서	인상적인 방법
동아리	신상 정보(이름, 나이, 별명 등) ⇒ ( )	*
학과	전공 관련(학과, 학번, 지원 동기 등) ⇒ ( )	
취업	관심 분야(취미, 특기, 여가 생활 등) ⇒ ( )	*
아르바이트	포부(장래 계획, 꿈, 좌우명 등) ⇒ ( )	
미팅	기타( ) ⇒ ( )	

활동 2

다음은 몇몇 자기소개서의 예입니다. 잘 읽고 질문에 답하십시오.

1) 자기소개서에는 보통 어떤 내용들이 포함되어야 할까요?

2) 각 글의 제목을 〈보기〉에서 골라 써 넣으십시오.

〈보기〉 성장과정, 입사 후 포부, 지원 동기, 인생관, 자신의 성격이나 열정

____________ : 귀사는 대한민국을 대표하는 정보통신 회사로 귀사의 앞서가는 서비스는 이미 새로운 세상을 열어 가고 있다고 생각합니다. 더욱이 귀사는 환경 문제에 많은 관심을 가지고 사회사업을 펼치고 있는 것으로 알고 있습니다. 자연과 더불어 성장하고자 하는 귀사의 비전과 미래상에 공감하여 귀사에 지원하게 되었습니다.

____________ : 큰 남자가 되려면 자신감과 포부도 커야 한다고 생각합니다. 포부를 크게 가져야 큰 일을 해낼 수 있기 때문입니다. 고객을 감동시키고 설득하여 고객의 마음을 움직이도록 노력하겠습니다. 먼저, 제품에 대해 열심히 공부하여 완벽히 이해한 후 고객의 입장에서 고객의 요구를 생각하고 연구할 것입니다. 그리고 제 성과에 대해 성찰하여 더 좋은 결과가 있을 때까지 다양한 방법을 탐구할 것입니다. 귀사는 20XX년까지 업계 1위가 되는 비전을 가지고 있습니다. 그러한 매출 증대를 위해서는 포부가 큰 역량 있는 영업사원이 반드시 필요할 것입니다. 깊은 물에 큰 고기가 놀듯이 포부가 큰 사람 OOO이 최대의 매출을 기록할 때까지 계속 성장해 가겠습니다.

____________ : 어릴 적 어머니께서 머리맡에서 읽어주셨던 동화책은 넓은 마음으로 세상을 볼 수 있는 안목을 길러주었습니다. 학창 시절 도서관에서 읽었던 책들은 올바르게 성장할 수 있는 길을 제시해주었습니다. 고등학교 2학년 때부터 지금까지 참여하고 있는 독서 모임에서는 책을 통하여 서로의 생각을 나눌 수 있는 방법을 배웠습니다. 도서관은 인류의 일기장과 같다는 말이 있습니다. 책과 함께 자라온 환경은 저에게 안목과 더불어 올바른 지식, 나눔의 즐거움을 알게 되었습니다.

____________ : 안철수 씨는 남보다 시간을 몇 배 더 투자하여 문제를 해결할 각오를 하는 것이 평범한 두뇌를 지닌 자신이 할 수 있는 최선의 방법이라고 말했습니다. 신입사원에게 중요한 것은 자신의 능력을 갑절의 노력으로 발전시켜 나가는 것이라 생각하며, 위의 말을 본보기 삼아 평범함을 비범함으로 바꾸기 위해 노력하고 있습니다. 저에게는 스펙보다 값진 높은 열정과 노력이 있다고 자신 있게 말씀드릴 수 있습니다. 한결같은 마음으로 최선을 다해 맡은 일 이상으로 노력하는 열정을 보여 드리고 싶습니다.

____________ : 제 성격은 성실하고 끈기가 있는 편입니다. 유학 생활을 하면서 생활 습관이 흐트러지는 경우가 적지 않습니다. 그러나 저는 '시간 지키기', '계획 지키기'등 기본적인 것을 중요하게 생각하고, 어떤 환경에서도 자기 관리를 철저히 해왔습니다. 대학 생활에서도 한 번도 지각과 결석을 한 적이 없습니다. 어떤 일에도 흔들리지 않는 성실함, 목표를 결정하면 결코 포기하지 않는 정신력, 그리고 어떤 환경도 바로 적응할 수 있는 능력을 살려 회사 생활에서도 어떤 업무든지 잘 해낼 수 있을 것이라 자신합니다.

3) 위 글을 참고해서 면접용 자기 소개서를 작성해 보십시오.

◈ 자기소개서

제2과

다양한 표현

도입

다음 사진을 보고 어떤 느낌이 드는 지 이야기해 봅시다.

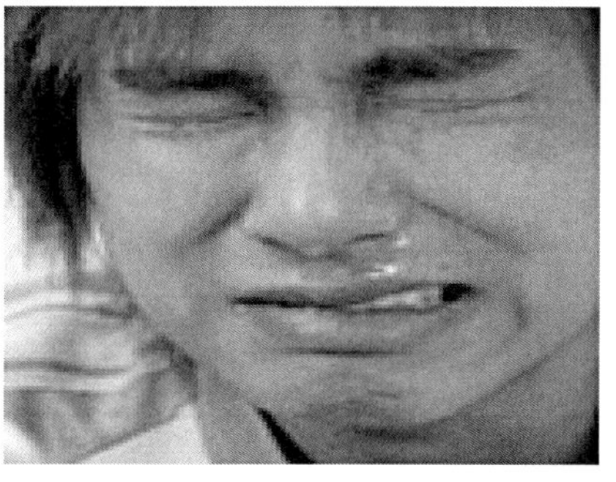

1. 사진 속 사람들의 감정은 어떨까요?

2. 위 사진을 보고 어떤 의태어와 의성어가 생각이 납니까?

표현 1

I. 다음 상황에서 각 인물들은 어떤 감정을 느꼈을까요?

의심스럽다	명랑하다	지겹다
당황하다	뿌듯하다	서먹하다
자랑스럽다	절망하다	후련하다
시원섭섭하다	마음이 들뜨다	괴롭다

연습 1

1. 다음 상황에서 각 인물들은 어떤 감정을 느꼈을까요?

상황	어떤 감정을 느낄까요?
1) 아들이 어려운 취직 시험에 합격했을 때	
2) 믿었던 친구에게 배신당했을 때	
3) 모르는 사람이 갑자기 선심을 쓸 때	
4) 친구가 중병에 걸렸다는 얘기를 들었을 때	
5) 밀렸던 집안일을 다 끝냈을 때	
6) 사업을 하다가 큰 위기가 왔을 때	
7) 개강 후 과 친구들을 처음 만났을 때	
8) 어려운 일을 해 냈을 때	

연습 2

1. 다음의 감정 어휘들을 이용해서 <보기>처럼 문장을 쓰십시오.

의심스럽다	명랑하다	지겹다
당황하다	뿌듯하다	서먹하다
자랑스럽다	절망하다	후련하다
시원섭섭하다	마음이 들뜨다	괴롭다

<보기> 뭉클하다: 친구의 따뜻한 위로의 말에 마음이 뭉클해졌다.

1) ______________________________ .

2) ______________________________ .

3) ______________________________ .

4) ______________________________ .

5) ______________________________ .

6) ______________________________ .

7) ______________________________ .

8) ______________________________ .

9) ______________________________ .

10) ______________________________ .

11) ______________________________ .

12) ______________________________ .

표현 2

1. 다음 사진을 보고 어떤 느낌이 드는지 이야기해 보십시오.

번쩍번쩍	웅성웅성	꾸벅꾸벅
훨훨	졸졸	빙빙
펄럭펄럭	펑펑	벌컥벌컥

연습 3

다음 문장에 맞는 단어를 (   )에서 골라 보십시오.

1) 봄비가 (부슬부슬, 사뿐사뿐) 내리고 있네요.
2) 비온 뒤에 바람이 (쌩쌩, 살살) 불어서 모두 옷깃을 여밉니다.
3) 너무 긴장을 해서 그런지 지원자가 (우왕좌왕, 우물쭈물) 하면서 말을 잘 못하고 있어요.
4) 우리 시골에는 집이 많지 않아서 집과 집 사이가 (띄엄띄엄, 꾸벅꾸벅) 벌어져 있습니다.
5) 형과 싸운 동생은 (티격태격, 투덜투덜) 불만을 중얼거리고 있어요.
6) 감동적인 영화를 보고 있던 두 사람의 눈에 (글썽글썽, 두근두근) 눈물이 고였네요.
7) 동생 용돈을 빼앗아간 형은 엄마가 이 사실을 아실까봐 가슴이 (조마조마, 차곡차곡) 했다.
8) 아기가 나를 보고 (싱숭생숭, 방긋방긋) 웃어서 기분이 참 좋았어요.
9) 나는 아르바이트를 하면서 매월 (살금살금, 꼬박꼬박) 돈을 저금하고 있습니다.
10) 방금 지은 밥에서 (알록달록, 모락모락) 김이 올라와 식욕을 자극합니다.

연습 4

다음 문장에 맞는 단어를 골라 보십시오.

1) 우리 아버지는 학교에서 수학을 (가르치고, 가리키고) 계세요.
2) 빨리 식중독이 (낳았으면, 나았으면) 좋겠다.
3) 이모와 고모는 (틀린, 다른) 말이에요.
4) 축제 때는 퀴즈를 (맞추면, 맞히면) 많은 상품을 탈 수 있어서 좋아요.
5) 회의 중에는 문을 (지그시, 지긋이) 열고 닫아야 합니다.
6) 학교에 오다가 전봇대에 (바쳐서, 받혀서) 머리에 혹이 났어요.
7) 오늘 일을 (맞히는, 마치는) 대로 모두 회식을 하도록 할까요?

활동 1

함께 이야기해 봅시다.

1) 여러분은 언제 마음이 들뜹니까?

2) 지금까지 가장 뿌듯했던 때는 언제입니까?

3) 언제 시원섭섭함을 느낍니까?

4) 누군가를 자랑스럽게 생각해 본 적이 있습니까? 자신이 자랑스러웠을 때는 언제입니까?

5) 언제 후련하다고 느껴봤습니까?

6) 대답하기 당황스러운 질문에는 어떤 것이 있습니까?

7) 언제 괴로움을 느낍니까?

8) 지금까지 절망한 적이 있습니까? 있다면 언제였습니까?

9) 언제 어떤 상황에서 서먹하다고 느꼈습니까?

10) 무슨 일을 할 때 가장 지겹습니까?

비유표현

1. 여러분 나라에서는 다음과 같은 사람을 무엇에 비유합니까?

예) 한국에서는 마음이 넓은 사람을 바다에 비유해요.
일본에서는 마음이 넓은 사람을 해에 비유해요.

	한국	우리나라
눈치가 빠른 사람		
둔한 사람		
마음이 착한 사람		
키가 큰 사람		
마음이 넓은 사람		
잘생긴 사람		
욕심이 많은 사람		
느린 사람		
음식을 많이 먹는 사람		
몸이 마른 사람		

2. 빈칸에 알맞은 단어를 써서 문장을 완성하십시오.

◉ -는/은 ~처럼 -아요/어요.
* 그는 농구선수처럼 키가 커요.

◉ -는/은 ~같이 -아요/어요.
* 그 여자는 모델같이 날씬해요.

◉ -는/은 ~같다.
* 그는 아는 게 정말 많아요. 백과사전 같아요.

1) 우리 언니는 ________같이 눈치가 빨라요.

2) 내 동생은 ________같이 둔해요.

3) 미라 씨는 ________같이 마음이 착해요.

4) 민철 씨는 키가 커서 ________ 같아요.

5) 우리 아버지는 ________처럼 마음이 넓어요.

6) 그 선배는 ________처럼 잘 생겼어요.

3. '~처럼, ~같이, ~같아요' 를 사용해서 가족(친구)에 대해서 이야기해 봅시다.

가족/친구 이름	특징	비유하는 사물
토모코	계산을 잘하다	컴퓨터

예) 토모코 씨는 계산을 잘해요. 컴퓨터 같아요.

--〉 토모코 씨는 컴퓨터처럼 계산을 잘해요.

관용적 비유표현

1. 다음 표현의 의미를 생각해 봅시다.

1. 밥 먹듯이 하다	가: 교수님, 죄송해요. 버스를 놓쳐서 지각했어요. 나: 이 녀석, 너는 지각을 밥 먹듯이 하는구나.
2. 얼굴이 백지장 같다.	가: 선배님, 어디 아프세요? 얼굴이 백지장 같아요. 나: 급히 아침을 먹은 게 체했나 봐.
3. 물 쓰듯이 하다	가: 너 월급 탔다고 너무 돈을 물 쓰듯이 쓰는구나. 나: 죄송해요. 다음 달부터는 저축도 할 거예요.
4. 산더미처럼 쌓이다	가: 오후에 시간이 있으면 나 좀 도와 줘. 나: 미안해, 나도 할 일이 산더미처럼 쌓였거든.
5. 귀신 같이 알아맞히다	가: 너 오늘 좋은 일이 있구나! 나: 어떻게 알았어? 용돈 받았는데, 귀신같이 알아맞히네.
6. 입이 귀에 걸리다	가: 저 신랑은 입이 귀에 걸렸네. 나: 신부가 예뻐서 무척 마음에 드나 봐.

2. 알맞은 말을 써서 문장을 완성하십시오.

1) 요즘 할 일이 산더미같이 쌓여서 너무 바빠요.
2) 미나 씨는 어디가 아파서 그런지 얼굴이 ________________________.
3) 그 사람은 항상 다른 사람의 기분이 어떤지 ________________ 알아맞혀요.
4) 돈을 아껴 써야 돼요. 돈을 ____________________________ 쓰면 안 돼요.
5) 그 사람은 지각을 너무 자주 해요. 지각을 ______________ 하는 사람이에요.
6) 민수 씨는 이번 학기에 장학금을 받아서 ____________________________.

3. 오늘 배운 비유 표현으로 대화를 만들어 보십시오.

가: 미영이는 돈이 많은 가 봐. 거의 매일같이 쇼핑을 하네.
나: 그러게 말이야. 별로 필요 없는 것에다 돈을 함부로 쓰더라.
정말 돈을 물 쓰듯이 쓰는 것 같아.

가:
나:

활동2 시 쓰기

1. 다음은 김소월님의 〈예전엔 미처 몰랐어요〉의 한 부분입니다. 시를 읽어 본 후 개작해 봅시다.

예전엔 미처 몰랐어요

김 소 월

봄 가을 없이 밤마다 돋는 달도
예전엔 미처 몰랐어요.

이렇게 사무치게 그리울 줄은
예전엔 미처 몰랐어요.

달이 암만 밝아도 쳐다볼 줄을
예전엔 미처 몰랐어요.

이제금 저 달이 설움인 줄은
예전엔 미처 몰랐어요.

예전엔 미처 몰랐어요

____
예전엔 미처 몰랐어요.

____
예전엔 미처 몰랐어요.

____
예전엔 미처 몰랐어요.

____
예전엔 미처 몰랐어요.

2. 다음은 정호승의 〈내가 사랑하는 사람〉의 한 부분입니다. 자신이 바꾸고 싶은 부분을 바꿔서 새로운 시를 써 봅시다.

내가 사랑하는 사람 정 호 승	**내가 사랑하는 ______** 이름: ________
나는 그늘이 없는 사람을 사랑하지 않는다	나는 ________________ 사랑하지 않는다
나는 그늘을 사랑하지 않는 사람을 사랑하지 않는다	나는 ________________ 사랑하지 않는다
나는 한 그루 나무의 그늘이 된 사람을 사랑한다	나는 ______________________ 사랑한다
햇빛도 그늘이 있어야 맑고 눈이 부시다	________________________________
나무 그늘에 앉아	________________________________
나뭇잎 사이로 반짝이는 햇살을 바라보면	________________________________
세상은 그 얼마나 아름다운가	세상은 그 얼마나 ________________

3. 다음은 김소월의 〈엄마야 누나야〉의 한 부분입니다. '~아/야' 와 '-자' 를 활용해서 시를 써 봅시다.

엄마야 누나야 김 소 월	____________________ __________
엄마야 누나야 강변 살자	____아/야 ____아/야 ___________자
뜰에는 반짝이는 금모래빛	______________________________
뒷문 밖에는 갈잎의 노래	______________________________
엄마야 누나야 강변 살자	____아/야 ____아/야 ___________자

제 3 과

설문 결과 설명하기

도 입

여러분은 한국인에 대해 잘 알고 있습니까? 다음 내용에 대해 설문 조사를 한다면 어떤 결과가 나올 것 같습니까? 설문 결과를 추측해 보십시오.

1. 한국인이 가장 좋아하는 음식은 무엇일까요?

   ① 불고기　② 된장찌개　③ 비빔밥　④ 김치　⑤ 삼겹살

2. 한국인이 가장 좋아하는 산은 무엇일까요?

   ① 지리산　② 한라산　③ 북한산　④ 설악산　⑤ 덕유산

3. 여러분의 예상과 달랐던 설문 결과는 무엇입니까?

4. 여러분 나라에서는 어떤 음식을 가장 좋아합니까? 어떤 숫자를 가장 좋아합니까?

표현 1

1. 여러분은 다음 설문 결과 자료에 대해 어떻게 설명하겠습니까?

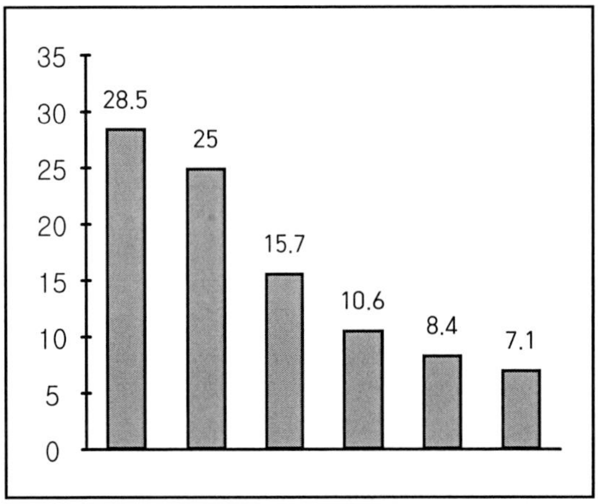

한국인이 가장 선호하는 직업은?

1. 공무원 28.5%
2. 교사 25.0%
3. 자영업 15.7%
4. 의사 10.6%
5. 회사원 8.4%
6. 변호사 7.1%

조사기관: 한국 리서치, 2012년
조사대상: 한국인 3,400명

한국 리서치가 2012년에 한국인 3,400명을 대상으로 '선호하는 직업'에 대해서 설문 조사를 했는데 결과는 다음과 같습니다.	--〉	〈설문 조사 대상과 주제〉
한국인이 가장 선호하는 직업으로는 공무원이 25.8%로 가장 많았습니다.	--〉	〈가장 많이 나온 의견〉
그 다음으로는 교사가 20.5%, 자영업이 15.7%, 의사가 10.6%의 순이었습니다.	--〉	〈두 번째 나온 의견부터 순서대로〉
그밖에 회사원과 변호사라는 의견도 있었습니다.	--〉	〈기타 의견〉
위와 같이 한국인들은 공무원, 교사와 같은 직업을 좋아한다는 응답이 많았습니다. 이러한 결과를 통해 한국인들은 높은 연봉보다 안정적인 직업을 선호한다는 것을 알 수 있었습니다	--〉	〈설문 결과 분석 후 의견〉

2. 다음은 설문 결과를 설명할 때 사용하는 표현입니다.

* 설문조사 대상과 주제 밝히기	⇒	-이/가 -을/를 대상으로 -에 대한 설문 조사한 결과는 다음과 같습니다.
* 가장 많이 나온 의견 말하기	⇒	-이/가 -%로 가장 많았습니다.
* 두 번째로 많이 나온 의견부터 순서대로 말하기	⇒	그 다음으로는 -이/가 -%, -이/가 -%, -이/가 -%의 순이었습니다.
* 기타 의견 말하기	⇒	그 밖에 -다는 의견/응답도 있었습니다.
* 설문결과 분석 후 의견 말하기	⇒	이러한 결과를 통해 -을/를 알 수 있었습니다.

연습 1

다음은 첫 월급으로 부모님께 드리고 싶은 선물에 대한 설문 결과입니다. 앞에서 배운 표현을 사용하여 설문 결과를 설명해 보십시오.

첫 월급으로 부모님께 무슨 선물을 드리고 싶습니까?

1. 현금 46.3%
2. 건강검진권 22.5%
3. 외식 12.2%
4. 효도 관광 9.8%
5. 내복 9.2%

조사기관: 코리아 리서치, 2011년
조사대상: 신입 사원 1,050명

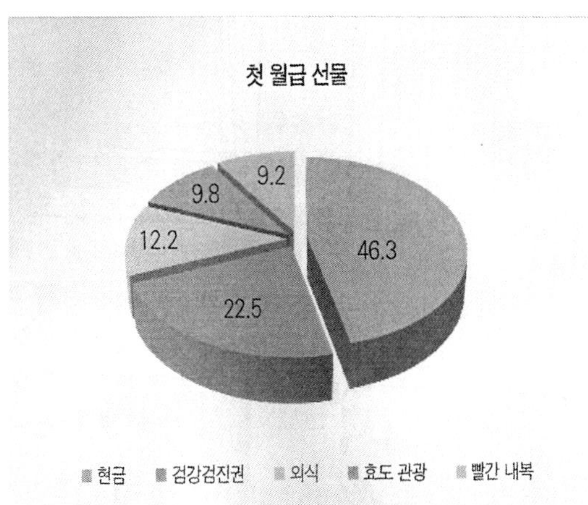

연습 2

1. 다음은 한국 사람을 대상으로 자신이 생각하는 외모수준에 대한 설문 결과입니다. 아래의 도표를 보고 설문 결과를 설명해 보십시오.

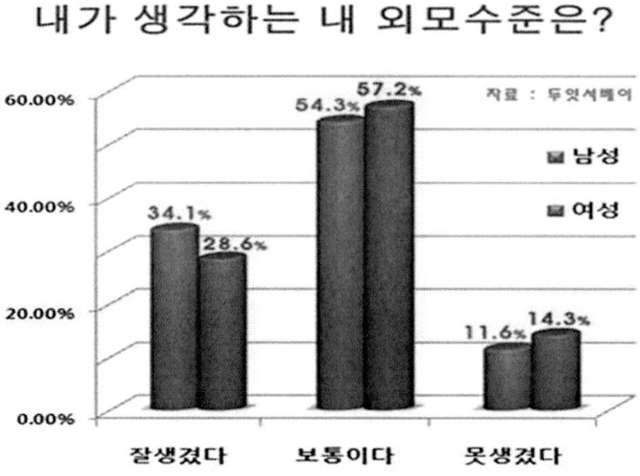

2. 설문 결과를 분석한 후 내용을 보고 자신의 생각을 말해 보십시오.

1) 분석 결과

설문조사를 해 본 결과 남자가 여자보다 자신의 외모에 대해 만족하는 것으로 나타났습니다. 그리고 자신의 외모에 대해서는 보통이라고 생각하는 응답이 많았음을 알 수 있었습니다.

2) 사회현상

하지만 현실을 보면 방학에는 예약을 하지 않고서는 성형수술을 받기 어렵다는 말이 나올 만큼 성형수술을 하는 사람들이 많아지는 추세입니다.

3) 나의 의견

연습 3

다음은 외국인에게 한국어를 학습하는 이유에 대해 설문 조사를 한 결과입니다. 아래의 표를 보고 설문 결과를 설명해 보십시오.

한국어를 학습하는 이유는?

1. 한류의 영향	42%
2. 취미	37%
3. 직업과 관련	10%
4. 대학 진학	8%
5. 기타	3%

조사기관: 재일한국어교사협회, 2008년
조사대상: 일본인 1,000명

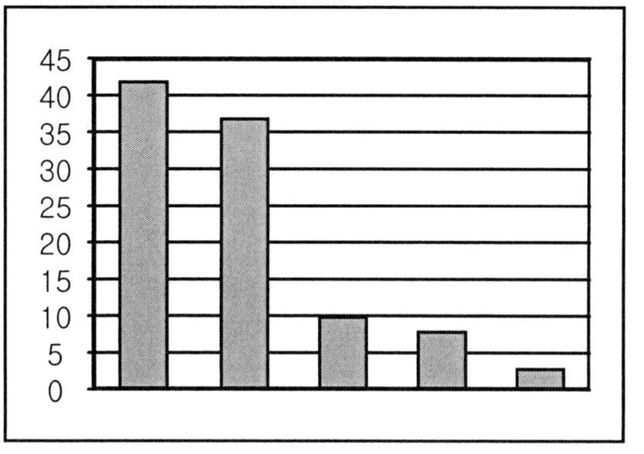

활동 1

설문 조사하고 발표하기

여러분은 한국에서 생활하면서(또는 대학생활을 하면서) 궁금하거나 알고 싶은 일이 있습니까? 그럴 때 여러분은 어떻게 합니까? 한국 사람에게 또는 친구들에게 궁금한 것이 무엇인지, 어떤 것을 조사하고 싶은지 결정해서 발표해 봅시다.

주제 정하기 → 조사 대상 정하기 → 설문지 만들기

인터뷰하기 → 조사 결과 정리하기 → 조사 발표하기

1. 설문 주제 정하기

① 무엇에 대해 조사하고 싶습니까?	
② 누구를 대상으로 조사하면 가장 효과적이겠습니까?	

2. 설문지 만들기

질문지 작성은 조상의 성패를 좌우하는 중요한 요소입니다. 따라서 질문지의 작성이 잘못되면 조사 목적에 맞는 자료를 얻을 수 없고, 분석 결과도 잘못될 수밖에 없습니다. 주제에 맞는 질문을 3개 정도 만들고 적당한 문항인지 점검하십시오.

〈보기〉
설문 주제: 한 달 용돈
설문 대상: 학과 친구들
설문 목적: 한 달 용돈을 얼마나 쓰며 주로 무엇에 쓰는지 알아보려고
질문:
① 한 달에 용돈을 얼마나 씁니까?
② 용돈을 어떻게 마련합니까?
③ 용돈으로 주로 무엇을 합니까?

질문1:

질문2:

질문3:

3. 인터뷰하기

1) 인사한 후 자신을 소개한다.
"안녕하세요? 저는 선문대학교 OOOO학과 12학번 OOO입니다."

2) 설문 조사를 하는 이유를 설명하고 설문에 대답해 줄 것을 부탁한다.
"수업 내용에 대학생을 대상으로 설문 조사를 하는 활동이 있어서 이렇게 조사를 하게 되었습니다. 설문 조사의 주제는 용돈에 관한 것입니다."

3) 감사하다는 표현과 함께 설문조사를 시작한다.
"설문에 답해 주실 수 있습니까? 감사합니다. 그럼, 지금부터 질문을 드리겠습니다."

4) 설문조사를 마친 후 다시 감사하다는 인사를 한다.
"시간을 내 주셔서 감사합니다. 많은 도움이 됐습니다."

4. 조사 결과 정리하기

설문 조사를 통해 알게 된 내용을 그림과 표로 정리한다.

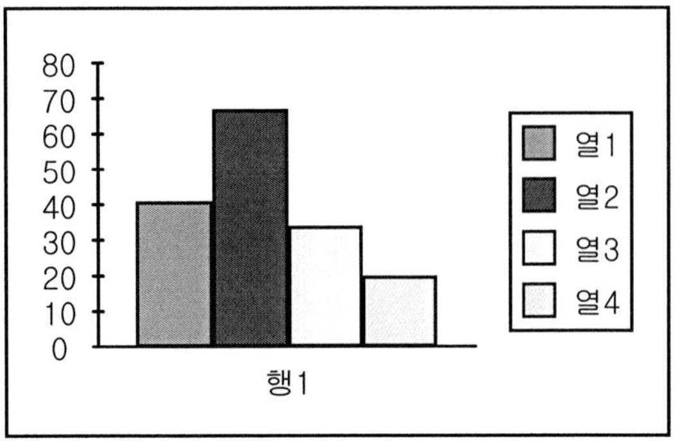

결과

1. 가족	38%
2. 직업	30%
3. 친구	20%
4. 건강	12%

결과

1. 가족	38%
2. 직업	30%
3. 친구	20%
4. 건강	12%

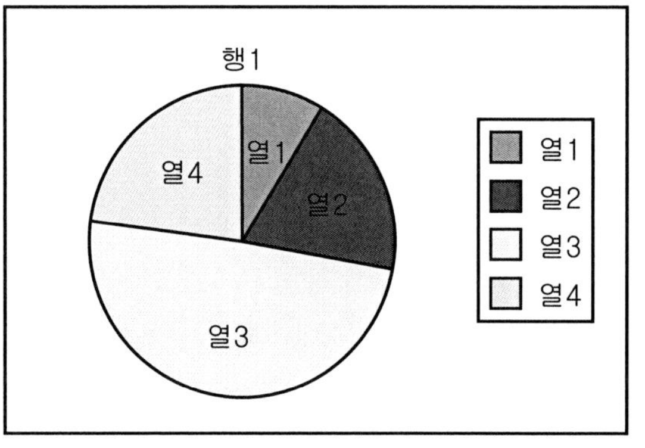

5. 설문 결과 발표하기

팀별로 PPT를 만들어 발표한다. 발표할 때 설문 조사를 통해 알게 된 내용과 설문 결과에 대한 자신의 의견도 발표한다.

활동 2

1. 다음 글을 읽고 자신의 생각을 써 보십시오.

보기 글	오늘 수업 시간에 교수님께서 한국어의 우수성에 대해 강의를 해 주셨다. 영국 옥스퍼드 대학의 언어학 대학에서 세계의 모든 문자를 대상으로 순위를 매겼는데 대한민국의 한글이 1위를 차지했다고 한다. 이로써 한글이 가장 과학적이고 편리한 문자임이 검증된 것이다. 1997년에 유네스코 세계기록유산으로 훈민정음이 등록된 것도 같은 이유라고 한다. 또 한글은 컴퓨터와도 가장 잘 어울리는 문자로도 손꼽히고 있어 요즘과 같은 정보화 시대에 편리하게 활용할 수 있는 문자라고 한다. 그러나 한국에 유학을 와서 지내는 동안에 나는 한국 사람들이 이렇게 우수한 한국어만 사용하는 것이 아니라 시크하다, 쿨하다, 판타스틱, 안습, 지못미, 멘붕 등의 외래어와 유행어를 즐겨 사용하는 것 같아 안타까울 때가 많았다.
내 생각 써보기	

2. 한국 대학생 100명을 대상으로 한 외래어와 고유어의 사용에 대한 설문조사 자료입니다. 아래의 설문 결과 내용을 설명해 보십시오.

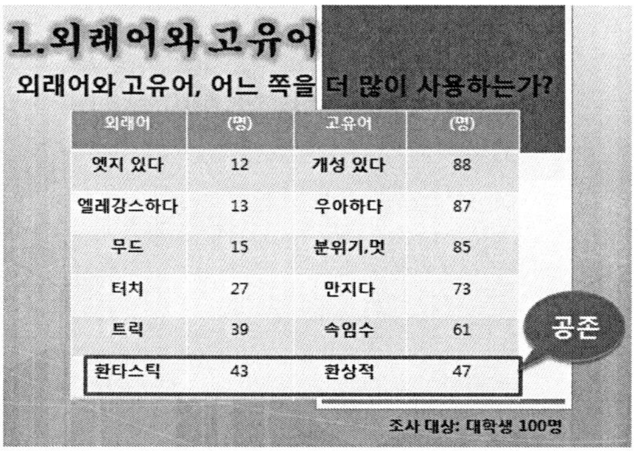

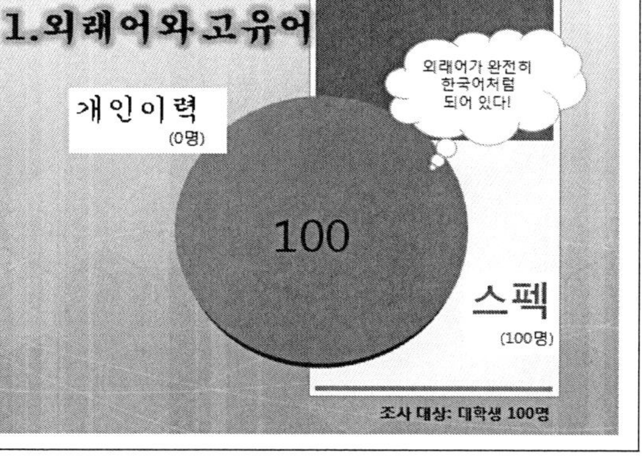

제 4 과

효과적인 대화법

도 입

1. 여러분은 누구에게 부탁 받은 적이 있습니까? 부탁을 받았을 때 어떻게 했습니까? 기분 나쁘지 않게 거절하는 방법을 알고 있습니까?

2. 화가 난 친구를 위로해 주고 싶습니다. 어떻게 하면 기분을 풀어줄 수 있을까요?

3. 친구가 이야기를 너무 길게 합니다. 이야기를 끊고 화제를 전환하고 싶을 때 어떻게 합니까?

표현 1

1. 다음 표현을 이용해서 요청을 해 보십시오. 그리고 기분 나쁘지 않게 거절도 해 보십시오.

요청	거절
-(으)면 안 될까(요)? -아(어/여)주실 수 있을까요?/주실래요? -(으)ㄹ 테니까 부탁해요. -좀 부탁하고 싶은데(요). 제가 좀 -아(어/여)야 하는데……. 죄송한데요. 저 잠깐만…….	글쎄요. 저요?/지금요?/이거요?/OO요? 저도 좀……. / 지금은 좀……. 저 (미안하지만) -(으)ㄴ/는데요. 제가 요즘/지금 …… 거든요.

선배 : 알바 시간이 좀 늦어서 그러는데, 도서관 갈 거니?
　　　가는 길에 내 책 좀 반납해 **주면 안 될까?**

후배 : 지금요? **글쎄요.** 과사무실에 들렀다 **가야 하는데…….**

선배 : 나중에 한턱 **낼 테니까 좀 부탁해.**

후배 : **죄송한데** 오늘 못 가게 될지도 몰라서……. **저……** 어떻게 하죠?

선배 : 할 수 없지 뭐. 괜찮아. 다른 사람에게 부탁해 볼게.

2. 다음 문장을 완성하십시오.

가 : 내가 지금 급히 나가야 하는데, ________________________________ ?

나 : ____ .

표현 2

1. 화제 전환을 잘하기 위해서는 적절한 타이밍과 부드러운 표현, 몸짓 언어도 효과적입니다. 화제 전환 접속사 사용보다는 맞장구치거나 연결고리로 말을 이어주는 기술이 중요합니다.

화제 전환 접속사	**⇒ 맞장구치기, 연결고리 잇기**
그런데(요). -도 좋지만(요).	아! 그렇구나. / 그렇군요. 그래?, 정말 -하네. (휴지) 참 ! ~뭐였지? 글쎄 말이야. / 그러게 말이에요. / 정말 그렇겠네요. 맞아, 맞아. (동의하는 표정) 그 얘기 들으니까 기억나는데……. 음~, (고개 끄덕끄덕) 갑자기 떠오른 생각인데…….

(예) 수연 : 스쿨버스가 늦게 와서 오늘 지각을 했어.

민수 : **그래?** 정말 억울하겠네.
오늘같이 눈 오는 날에는 좀 봐 줘야 하는 거 아닌가?

수연 : **맞아, 맞아.** (동의하는 표정으로) 김 교수님은 너무 엄격해서 봐주는 게 없어.

민수 : **음~,** (고개 끄덕끄덕) 그 얘기 들으니까 생각나는데 지난번에 영철이도 리포트를 늦게 내서 점수를 못 받았대.

2. 다음 문장을 완성하십시오.

가 : 우리 사장님 정말 왜 그래?

나 : ______________________________ .

연습 1

다음 대화처럼 적절하게 맞장구치거나 화제를 전환해 봅시다.

> 진우 : 창호 선배는 도대체 왜 그러지? 툭하면 화내고 소리 지르고…….
> 그 선배 때문에 요즘 나 스트레스 받아.
> 후배 : **그러게 말이에요.** 그 선배는 우리들한테도 그러는데 요즘 왜 그러신대요?
> 무슨 안 좋은 일 있으신가요?
> 진우 : 몰라. 그 선배 성격이 하도 이상하니까 같은 과 여학생들이 같이 회식하기도
> 싫다고 하던데.
> 후배 : **그래요?** 저는 그 정도인 줄 몰랐는데……. 같은 방 쓰시기 **정말 힘드시겠네요.**
> **아!** 내일 종강 모임 있다고 들었는데 몇 시지요?

1. '맞아 맞아' 등 맞장구치는 표현을 사용해서 화가 난 친구 위로해 봅시다.

친구 1 : ____

____.

친구 2 : 맞아 맞아.

친구 1 :____

____.

친구 2 : 그래서 말인데……

2. 맞장구치는 다양한 표현을 이용해서 회사에서 직장 상사에 대해 불평해 봅시다.

과장 : ____

____ .

대리 : 옳은 말씀입니다.

과장 : ____

____ .

대리 : 글쎄 말이에요.

3. 외국인과 한국인이 상호 문화에 대해서 이야기하다가 관광 이야기로 화제를 전환하기

마야 : 우리나라 (결혼식/장례식)은 한국과 아주 비슷해요.

______________________________지요. 그리고…….

수미 : 아, 그렇군요. 마야 씨 나라 (결혼식/장례식)도 굉장히 __________네요.

참! ____ ?

연습 2

다음은 직장 상사와 부하 직원 사이의 대화입니다. 두 대화를 비교하면서 효과적인 대화법을 연습해 보십시오. (상사는 시킨 일을 다 하지 못하는 부하 직원에게 화가 나 있고, 부하 직원은 일을 너무 많이 시키는 상사에 대하여 불만을 표현하는 상황)

부 장 님 :	지난주 그 일 다 끝냈습니까?
부하 직원 :	아직 좀 덜 끝났는데요.
부 장 님 :	뭐라고요? 그 정도 일을 며칠이나 끌고 있으면 회사일이 어떻게 되겠습니까?
부하 직원 :	지난주에 그 일 말고도 여러 가지 일을 한꺼번에 시키셨잖아요? 저 혼자 그 일을 어떻게 다 끝냅니까?
부 장 님 :	아니, 그걸 말이라고 합니까? 회사가 놀면서 다니는 곳입니까?
부하 직원 :	무슨 말씀을 그렇게 하십니까? 제가 회사를 놀면서 다녔다고요?

부 장 님 :	지난주 지시한 일은 어떻게 됐습니까?
부하 직원 :	죄송합니다. 다른 자료를 더 조사해야 해서 하루 정도 시간이 더 필요할 것 같습니다.
부 장 님 :	그래요? 하긴 지난주 여러 가지 일이 생겨서……. 뭐 도움이 필요하지는 않습니까?
부하 직원 :	괜찮습니다. 그렇게 이해해 주셔서 감사합니다. 오늘 야간 근무를 해서라도 빨리 끝내도록 하겠습니다.
부 장 님 :	그럼 오늘 저녁에 함께 일할 사람을 한 사람 더 지원하도록 하겠습니다.
부하 직원 :	정말 감사합니다.

1. 위 두 대화를 비교해 보면 어떤 점에서 차이가 있습니까?

2. 더 효과적인 대화법으로 짝과 부장님과 부하 직원이 되어 역할극을 해 보십시오.

활용 1

다음 여러 대화 상황 중에서 하나를 골라 역할극을 해 봅시다. 역할극이 끝난 후에 갈등을 일으키는 말이나 태도를 고쳐서 효과적인 대화법으로 다시 발표해 봅시다.

상황 1	**엄마는 아들의 더러운 방을 정리하라고 잔소리하고 아들은 엄마가 말만하면 화를 내는 상황.**
갈등 대화	엄마: 방 꼴이 도대체 이게 뭐니? 이렇게 더러운 방에서 공부가 되겠어? 아들: 전 더러우면 더 잘 되니까 걱정 마세요. 엄마: 그게 말이 되니? 당장 청소해! 아들: 엄마, 시끄러우니까 제발 그만 나가세요. 제 방은 제가 알아서 한다니까요. 엄마: 뭐야! 너 엄마한테 말버릇이 그게 뭐야? 아들: 아아, 또 지겨운 잔소리. 이래서 내가 집에 있기 싫다니까!
효과적인 대화	

상황 2	**아버지는 아들의 유학을 반대하고 아들은 아버지가 자신을 이해하지 못한다고 생각한다.**
갈등 대화	아버지: 절대로 유학은 안 돼! 아 들: 아버지는 왜 제 말은 듣지도 않고 반대만 하세요? 아버지: 안 들어도 뻔하지. 너, 대학 졸업하고 취직할 자신이 없으니까 도망가는 거 아냐? 아 들: 아니에요. 아버지는 왜 저를 이해 못 하세요?

	아버지랑은 대화가 안 돼요. 그만두세요. 아버지: 여기서도 제대로 못하는 네가 말도 안 통하는 해외에서 생활이나 제대로 할 수 있겠니? 아　들: 아버지는 왜 항상 저를 그렇게 못 믿으세요?
효과적인 대화	

상황 3	**친구1은 항상 불평과 불만이 많다. 친구2는 그런 친구의 태도를 싫어한다.**
갈등 대화	친구2: 이번 M.T 참 인상적이었지? 학회장이 정말 준비를 많이 했더라. 친구1: 난 걔 너무 유치하더라. 장소도 정말 한심한 곳으로 잡았고. 친구2: 왜? 난 공기도 맑고 자연 경치라서 좋기만 하던데. 친구1: 밤에 갈 곳이 없었잖냐. 밖이 캄캄해서 나는 방에만 박혀 있느라 답답해서 혼났다. 나라면 절대 그런 장소로는 안 정해. 그리고 음식은 또 그게 뭐니? 친구2: 너는 항상 불평불만이더라. 오랜만에 건강식이라 나는 맛있기만 했었는데. 친구1: 야, 순전히 풀 종류만……. 우리가 뭐 절에 도 닦으러 갔냐? 신나게 놀고, 먹고, 마시러 갔지. 또……
효과적인 대화	

활용 2

갈등을 일으키지 않고 효과적인 대화를 하려면 어떤 태도가 좋을까요? 〈보기〉처럼 전해지는 여러 문장들의 의미가 대화할 때 어떤 주의 사항을 나타내는지 바꾸어 표현해 보십시오.

〈보기〉

전해지는 말	침묵이 대화 보다 강한 메시지를 전한다. 정성껏 들어주면 돌부처도 돌아보신다. 말은 하기 쉽게 하지 말고 알아듣기 쉽게 해라. 귀가 2개, 입이 1개인 것에는 다 이유가 있다. 말을 독점하면 적이 많아진다.
대화할 때 주의 사항	* 대화를 잘하려면 말하는 것보다 듣는 것이 더 중요하다. * 대화할 때는 진심을 가지고 들어 주는 일이 중요하다.

〈 대화 시 주의 사항 1 〉

전해지는 말	말투는 내용을 담은 그릇이다. 첫 한마디에 정성이 실려야 한다. 말은 가슴에 대고 해라. 흥분한 목소리보다 낮은 목소리가 위력 있다. 따져서 이길 수는 없다. 쓴 소리는 단맛으로 포장해라.
대화할 때 주의 사항	* 대화를 잘 하려면 *

〈 대화 시 주의 사항 2 〉

<table>
<tr><td>전해지는 말</td><td>무덤까지 가져가기로 한 비밀을 털어놓는 건 무덤 파는 일이다.
험담에는 발이 달렸다.
내가 이 말을 듣는다고 미리 생각해 보고 말해라.
한 쪽 말만 듣고 말을 옮기면 바보 되기 쉽다.
진짜 비밀은 차라리 개에게 털어놓아라.
낮 말은 새가 듣고 밤 말은 쥐가 듣는다.</td></tr>
<tr><td>대화할 때 주의 사항</td><td>* 대화를 잘 하려면

*</td></tr>
</table>

제5과

발표 개요 작성하기

도입 1

1. 여러분은 발표를 해 본 적이 있습니까? 어떤 발표였습니까?

2. 여러분이 발표를 한다면 어떤 주제에 대해서 발표하고 싶습니까? 주제에 대해서 어떤 내용을 이야기할 수 있습니까? 다음과 같이 간단하게 정리해서 이야기해 보십시오.

1) 발표 주제 :

2) 발표 내용 :

3) 보조 자료 :

3. 어떻게 하면 발표를 잘할 수 있을까요?

도입 2

1. 발표의 준비와 단계

대학 수업에서는 교수의 강의뿐만 아니라 학생들의 발표를 통해 강의가 진행된다. 발표는 팀별 발표나 개인 발표로 이뤄지는데 발표는 다음과 같은 단계를 거친다.

주제의 확정	먼저 발표할 주제를 정한다. 주제가 정해졌다면 주제의 범위를 정한다.
자료의 수집과 정리	문헌 자료, 매체 자료 등을 수집하고 주제에 맞게 정리한다. 그리고 불필요한 자료는 삭제하고 부족한 자료는 보충한다.
발표문 또는 PPT 작성	내용을 서론, 본론, 결론으로 구성한다. 주제와 내용의 일관성을 살려 발표문을 작성한다. 다음으로 발표를 위해서 PPT 등 보조 자료를 만든다. PPT를 만들 때 맞춤법에 맞는지 유의하여 작성한다.
발표	발표를 하기 전에 미리 연습을 해본다. 발표할 때는 적절한 동작과 어조의 변화를 주어 효과적으로 발표한다.

2. 개요 작성하기

집을 짓기 전에 설계도를 그린 뒤 공사에 들어가듯 글(발표문)을 쓸 때도 개요를 작성해야 체계적으로 쓸 수 있다. 개요란 글을 쓰기 전에 글의 전체 윤곽을 머릿속에 그리고 그 내용을 도식화해 적은 것을 말한다. 개요를 작성한 뒤에 글을 써야 글의 전체적인 흐름을 유지할 수 있으며, 중요한 내용을 빠뜨리지 않고 불필요한 내용이 중복되는 것도 막을 수 있다.

① 개요 작성에 앞서 먼저 발표 제목과 주장하고자 하는 내용 즉, 주제문을 한 문장으로 작성한다.

② 주제를 드러낼 요점들을 열거하고, 이들의 관계를 파악해서 어떻게 구성할 것인지를 결정한다.

- 내용을 서론, 본론, 결론으로 나누어 쓴다.
- 일정한 번호를 써서 항목들의 관계가 잘 드러나도록 한다.

표현 1

1. 문장 개요와 화제 개요

〈문장 개요의 예〉

제목: 유전자 조작 식품의 영향

1. 유전자 조작 식품이 무엇인지 그리고 왜 만들어지게 됐는지를 설명하면 다음과 같다.
   1) 유전자 조작 식품이란 자연적인 농산물이 아니라 인간이 유전자 정보를 인위적으로 변경시킨 식품을 말한다.
   2) 생산성 향상과 상품의 질 강화를 위해 본래의 유전자를 변형시켜 농산물을 생산하게 되었다.

2. 유전자 조작 식품은 그 위험성 때문에 논란의 대상이 되고 있다.
   1) 인체에 알레르기를 유발하거나 독소를 발생시키고, 항생물질 내성의 가능성이 있다.
   2) 생태계 속의 야생 생물체에 어떤 영향을 줄지도 모른다.

3. 유전자 조작 식품은 우리에게 좋은 영향을 주기도 한다.
   1) 병충해에 잘 견디고 어떤 조건에서도 잘 자라는 유전자 조작 작물을 개발하면 수확량을 올릴 수 있기 때문에 기아에 허덕이는 인류의 식량문제를 해결할 수 있다.
   2) 유전자 조작 작물은 해충, 잡초 등에도 잘 견디기 때문에 제초제, 살충제 등을 뿌릴 필요가 없어 환경오염을 줄일 수 있다.

4. 유전자 조작 식품에 대해서 잘 알고 사용해야 할 것이다.

〈화제 개요의 예〉

제목: 유전자 조작 식품의 영향

1. 서론
   1.1 유전자 조작 식품의 정의
   1.2 유전자 조작 식품의 개발 배경

2. 유전자 조작 식품의 위험성
   2.1 인체에 미치는 영향
   2.2 생태계에 미치는 영향

3. 유전자 조작 식품의 긍정적 영향
   3.1 농작물 생산량 증대
   3.2 세계 기아 인구 해결

4. 결론

2. 글의 전개 순서

1) 문제 해결을 제안하는 글의 전개 순서

해결1	제목: 환경 보호 운동의 유형과 특징 주제문: 정부, 단체, 개인 모두가 환경 문제를 해결하고 보호하기 위해 노력해야 한다. Ⅰ. 서론 Ⅱ. 국가 주도적 유형 1. 국가 주도적 환경 운동의 예 2. 국가 주도적 환경 운동의 특징

해결2	Ⅲ. 소집단 활동 유형 1. 소집단 활동 환경 운동의 예 2. 소집단 활동 환경 운동의 특징
해결3	Ⅳ. 개인적 유형 1. 개인적 환경 운동의 예 2. 개인적 환경 운동의 특징
	Ⅴ. 결론

2) 비교를 목적으로 하는 글의 전개 순서

	제목: 한국과 일본의 발효음식 비교
	1. 서론
비교대상1 기준1 기준2	2. 한국의 대표 발효음식 청국장 1) 재료 2) 만드는 방법 3) 효능
비교대상2 기준1 기준2	3. 일본의 대표 발효음식 낫또 1) 재료 2) 만드는 방법 3) 효능
	4. 결론

연습 1

I. 문장 개요를 화제 개요로 바꾸기

제목: 경로의 길 모색
주제문: 노인들을 보호하고 우대해 드리며 사회에 참여하시도록 하자.

〈문장 개요〉

1. 서론: 병약하고 고독하게 사는 노인이 많다. 경로의 길을 모색하자.

2. 본론
   1) 자녀 양육과 일로 병약해졌으므로 노인을 보호하고 우대하자.
   2) 노인에게 일거리를 마련하고 사회 참여의 기회를 부여하자.

3. 결론: 노인들을 보호하고 우대하며 사회에 참여 시키는 등의 경로 행위의 의의는 매우 크다.

〈화제 개요〉

1. 서론:

2. 본론
   1)
   2)

3. 결론:

2. 빈칸에 들어갈 내용 쓰기

제목	광고의 사회적 영향
주제문	
서론	광고의 범람
본론	1. 광고의 긍정적 영향 1) ____________________ 2) ____________________ 2. 광고의 부정적 영향 1) ____________________ 2) ____________________
결론	

개요1	개요2
제목: 한국과 미국의 음식문화 비교	제목: 한국과 미국의 음식문화 비교
1. 서론 2. 한국과 미국의 주식 1) 한국 2) 미국 3. 한국과 미국의 음식 요리방법 1) 한국 2) 미국 4. 한국과 미국의 식사예절 1) 한국 2) 미국 5. 결론	1. 서론 2. 한국의 음식문화 1) 주식 2) 3) 3. 1) 2) 3) 4. 결론

표현 2

1. 다음에서 사전적 의미에 해당하는 것을 찾아 연결하십시오.

1) 굴뚝	•	• ① 어떤 일이나 활동에서 주도권을 잡고 개발시킨 나라
2) 산물	•	• ② 어떤 일의 과정이나 결과로 생긴 것
3) 신지대사	•	• ③ 방, 가마 등에 불을 지피기 위해 만들어 놓은 구멍
4) 종주국	•	• ④ 불을 때 연기가 밖으로 빠져나가도록 만든 장치
5) 원적외선	•	• ⑤ 열을 전달하는 과정의 하나로 기체가 열 때문에 상하로 뒤바뀌면서 움직이는 현상
6) 아궁이	•	• ⑥ 외부로부터 섭취한 물질을 생명을 유지하기 위한 에너지로 바꾸고 불필요한 노폐물을 몸 밖으로 배출하는 작용
7) 대류	•	• ⑦ 세포의 운동을 활성화시켜 불순물을 제거하는 작용을 하는 인체에 유익한 파장을 가지고 있는 빛
8) 고분 벽화	•	• ⑧ 무덤 안의 천장이나 벽면에 그려 놓은 벽화

2. 다음에서 알맞은 것을 골라 문장을 완성하십시오.

계승하다,	고안하다,	(일정 기간을) 나다,	달궈지다,	(불을) 때다,	방출하다
열등하다,	일환으로,	진화하다,	쾌적하다,	탁하다,	편평하다

1) 갈릴레오는 새로 ______________ 망원경을 통해서 하늘을 관측했다.

2) 석유는 화석 연료이기 때문에 해로운 가스를 대기 중에 ______________.

3) 개량 한복은 전통 한복의 미를 ____________고 여기에 실용성을 더한 것이다.

4) 문명은 인간의 생활을 더 편리하게 하는 쪽으로 ______________게 마련이다.

5) 정현 씨는 ____________ 그릴에 삼겹살을 얹고 능숙한 솜씨로 고기를 구웠다.

6) 출근길의 지하철 안은 공기가 무척 ______________.

7) 한때 지구가 동그랗지 않고 ______________ 모습이라고 믿었던 사람들도 있었다.

8) 우리는 근무 환경을 ____________게 유지하기 위해 대청소를 했다.

9) 우월한 것이 있으면 ____________ 것도 있고 승리자가 있으면 패배자가 있다.

10) 날씨가 추워지자 어머니는 방에 ____________기 시작했다.

11) 나는 우리가 더운 이곳에서 여름을 _______ 일이 걱정된다.

12) 우리 회사는 환경 운동의 __________ 폐지를 최대한 줄이고 있다.

연습 2

다음을 읽고 질문에 답하십시오.

과학적인 난방장치 온돌

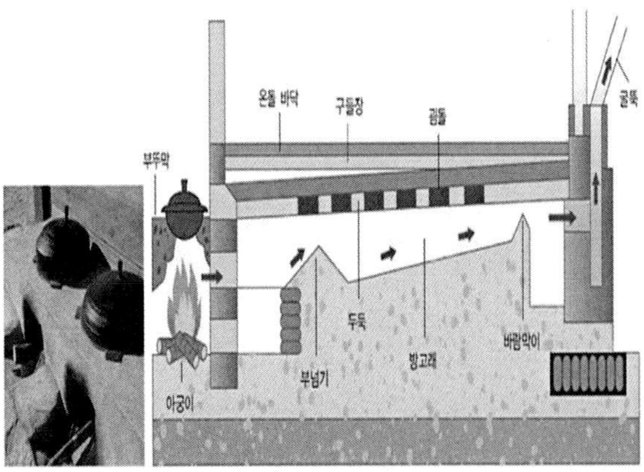

(가) 인간은 추운 겨울을 나기 위해 다양한 난방장치들을 고안해 냈다. 한국에는 온돌이라는 고유의 난방장치가 있다. 그런데 최근 다른 많은 나라들도 한국의 온돌에 대해서 관심을 갖고 있다. 이에 온돌의 어떤 점이 관심을 끌게 하는지 온돌에 대해서 살펴보고자 한다.

(나) 한국인은 언제부터 온돌을 사용했을까? 온돌은 신석기시대 유적에서 처음 찾아볼 수 있다. 온돌 사용에 대한 기록은 고구려 고분 벽화에 그림이 그려져 있으며, 중국 기록인 구당서(舊唐書)의 '고구려전'에도 온돌 사용에 대한 기록이 있다. 온돌이 가옥의 일반적인 구조가 된 것은 고려시대인데 주로 부유층에서 사용했고 전국으로 보급된 것은 조선시대부터이다.

(다) 온돌이란 아궁이에서 불을 때면 그 열기가 방밑을 지나 방바닥 전체를 덥히는 난방장치를 말한다. 온돌은 바닥재로 편평하고 넓은 돌을 사용한다. 돌은 한번 뜨거워지면 잘 식지 않는 성질을 가지고 있다. 즉 한 번 달궈진 돌은 불을 때지 않는 시간에도 열을 방출해 바닥을 따뜻하게 유지한다는 점에서 경제적이다. 또한 벽난로와 같은 직접 가열 난방이 방 안의 공기를 탁하게 하는 것과는 달리 온돌은 불을 땔 때 나오는 연기가 방바닥을 지나 굴뚝으로 빠져 나가도록 설계되어 있어 방안이 쾌적하며 위생적이다. 그리고 온돌은 건강에도 좋다. 달궈진 구들장과 바닥의 황토에서 나오는 원적외선이 혈액순환을 촉진시키고 신진대사를 활성화 시킨다. 또한 대류에 의한 난방 방식으로 습도와 온도 조절을 함으로써 건강에 큰 도움을 준다.

(라) 온돌은 한국인의 지혜를 보여주는 과학적 산물이며 나아가 최근에는 세계화의 가능성을 보이고 있다. 라디에이터(radiator)에 익숙한 서양인들도 한국식 보일러 설치에 많은 관심을 보이고 있다. 독일 프랑스 등 외국의 현대 건축가들은 온돌 기술을 배워 가 온수 파이프를 활용한 난방장치를 개발하는 중이며 특히 프랑스의 CNRS(국립과학기술연구소)에서는 에너지 절약의 일환으로 온돌을 연구하고 있다. 그리고 중국 상하이에 고급 아파트 가운데 상당수가 한국식 온돌 설치를 계획 중이라고 한다.

(마) 이상으로 한구의 전통 난방 방식인 온돌에 대해서 살펴보았다. 지금까지의 내용을 요약해 보면 다음과 같다. 첫째, 온돌 사용의 역사는 그 기원을 신석기시대에서 찾을 수 있으며 조선시대에 와서 전국적으로 보급되어 사용되었다. 둘째, 온돌은 경제적이고 위생적이며 또한 건강학적인 장점을 가지고 있다. 그리고 마지막으로 이러한 온돌의 사용은 유럽, 중국 등으로 세계화되는 추세에 있다는 것을 살펴보았다.

(바) 온돌은 이제 한국만의 고유 생활 문화가 아니라 세계인의 난방법으로 진화하고 있다. 이에 온돌의 현대화와 산업화를 서둘러 온돌의 종주국으로서의 권리와 역할을 지켜야 할 것이다.

1. 이 글을 서론, 본론, 결론으로 나누어 보십시오.

서론:

본론:

결론:

2. 온돌은 무엇입니까?

3. 온돌의 우수한 점은 무엇입니까?

4. 다음 표를 이용하여 이 글의 개요를 정리해 보십시오.

주제	온돌
서론	다양한 난방법 중의 하나 온돌
본론	1) ____________ 2) ____________ 3) 온돌의 우수성 ① ________ ② ________ ③ ________ 4) ________
결론	

활동

1. 제6과의 '김치' 에 대한 글을 읽고 다음과 같이 개요를 작성해 보십시오.

주제	한국인의 식생활 -김치
서론	한국인은 김치민족이다.
본론	1) ____________ ① ____________ ② ____________ 2) ____________ ① ____________ ② ____________ 3) ____________ ① ____________ ② ____________ ③ ____________
결론	

2. 한국과 관련된 것 또는 여러분 나라의 문화에 대해서 발표하려고 합니다. 제목과 주제문을 쓴 후 글의 개요를 작성해 보십시오.

주제: 음식 / 전통의상 / 교육 / 좋아하는 드라마, 영화, 노래 / 기타

제목	
주제문	
개요 작성	

제 6 과

PPT(Power Point)로 발표하기

도입

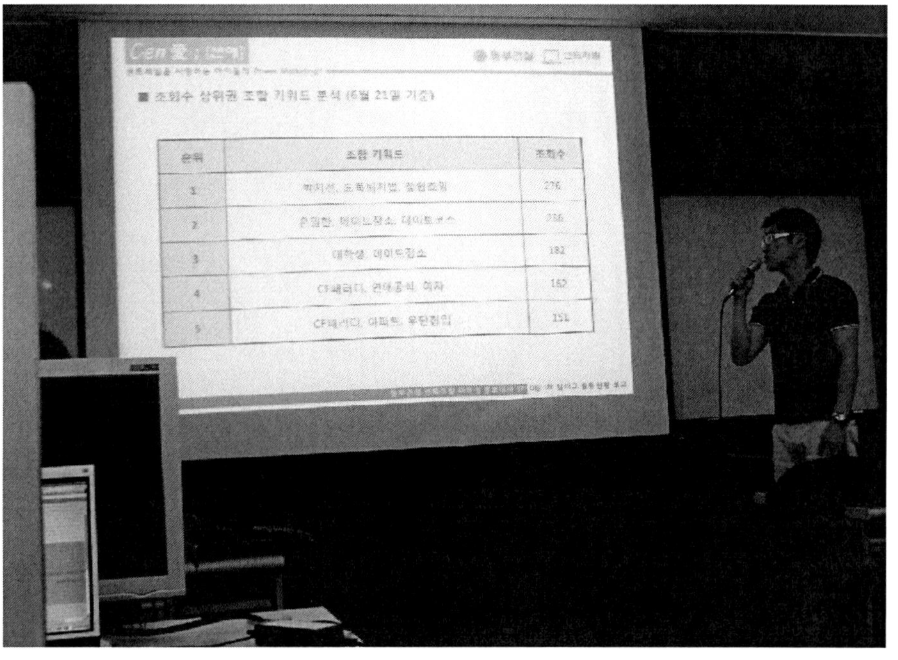

1. 여러분들은 PPT를 사용해서 발표를 해 봤습니까? 어떤 내용을 발표했습니까?

2. 발표할 때 PPT를 사용하면 어떤 점이 좋습니까?

PPT 발표 준비

시청각 자료들을 이용해 발표할 내용을 보다 분명히 전달하기 위해 파워포인트(power point)를 활용합니다. 이에 발표할 내용을 파워포인트로 만들어 봅시다.

1. PPT 자료 작성 및 활용할 때 주의점

① ppt 자료에는 핵심 내용만 간략하고 알기 쉽게 적는다.

② ppt 자료 내용이나 표현에 오류가 없는지 확인한다.

③ 발표 내용에 따라 도형이나 표를 적절하게 활용한다.

④ 지나친 애니메이션 효과는 오히려 발표에 집중하는 것을 방해한다.

⑤ 발표 전에 ppt 자료를 작동하면서 발표하는 것을 충분히 연습한다.

2. 파워포인트 만들기

1) 표지 만들기

① 제목과 내용을 고려하여 슬라이드를 선택하고 표지를 꾸민다.

② 제목과 발표자의 이름이 잘 드러나게 한다.

③ 글자 크기가 균형을 이루어야 한다.

1)

2)

3) 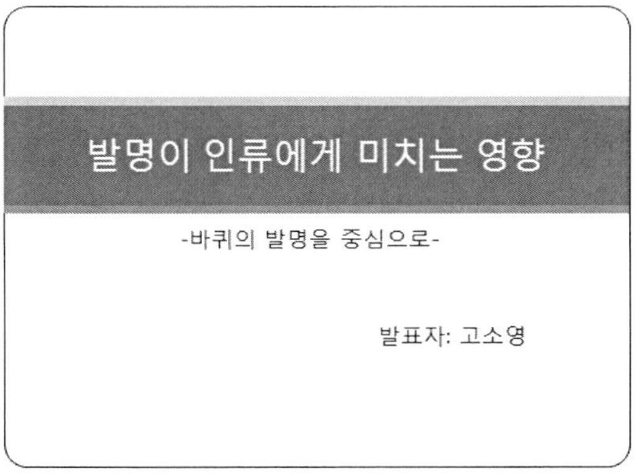

4) 

2) 목차 만들기

① 목차는 발표문의 개요 중 본론 부분에 해당하는 것을 쓰면 된다.

② 긴 문장을 그대로 옮기지 않고 압축적으로 제시한다.

1) 

2) 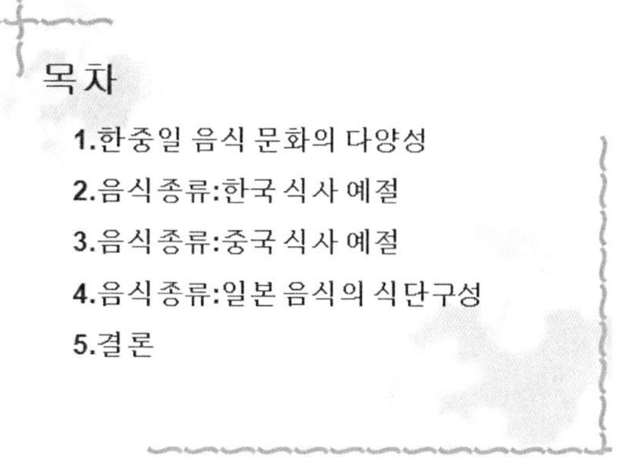

3) 

4) 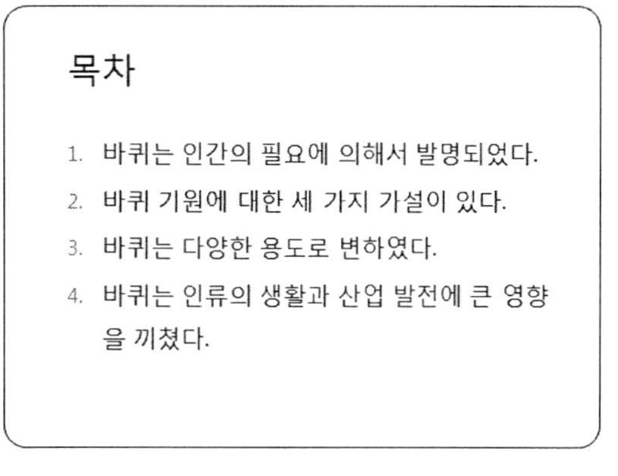

3) 본문 작성하기

① 글씨가 잘 보이는 슬라이드(화면 색)를 선택해야 한다.

② 본문을 작성할 때는 제목과 내용이 조화를 이루어야 한다.

③ 지나치게 많은 내용을 담거나 너무 간략하게 정리하지 않는다.

④ 긴 문장을 쓰는 것이 아니라 내용을 압축해서 제시한다. 한눈에 정보가 들어올 수 있도록 구성한다.

1)

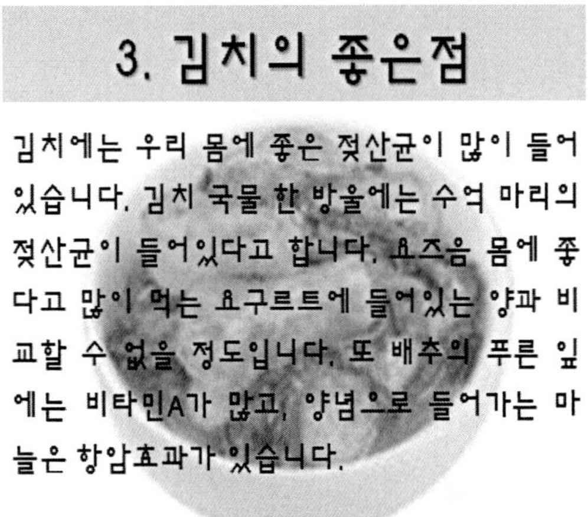

2)

3)

4)

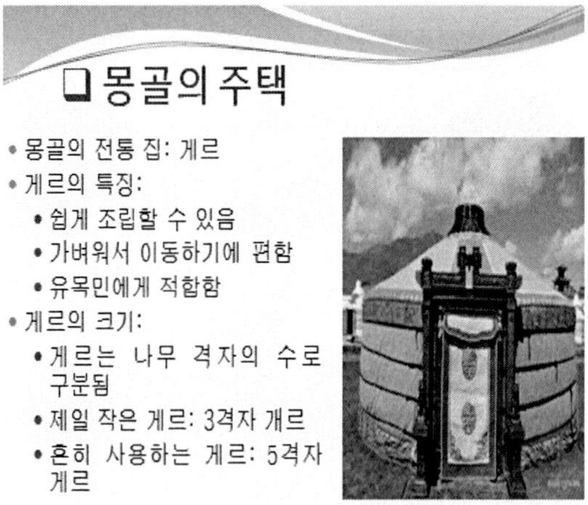

5) 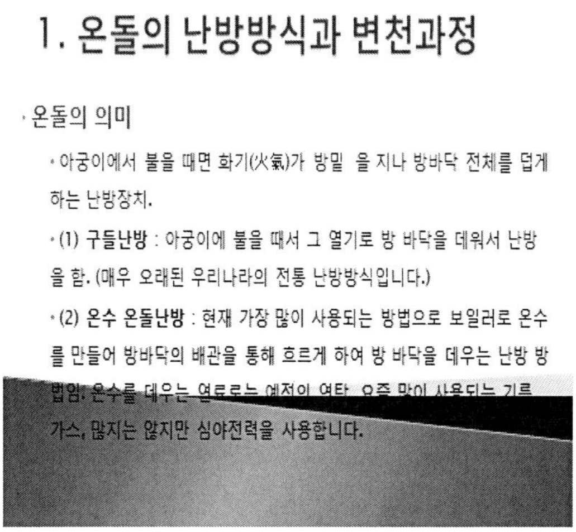

6) 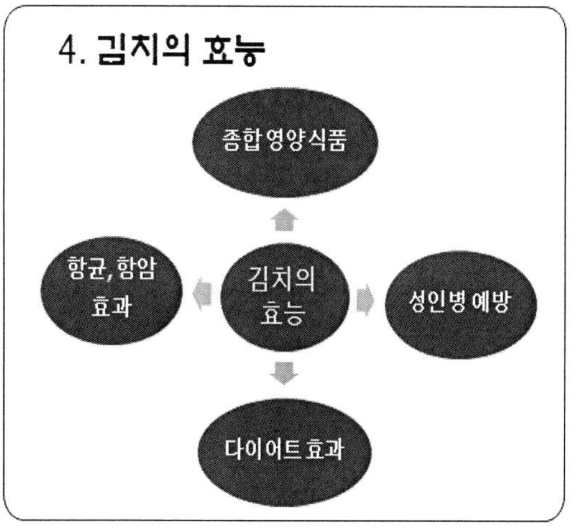

연습

다음 PPT 자료들의 실례들을 보면서 잘된 점과 문제점에 대해 이야기해 봅시다.

1. 표지

1) 

2) 

3) 
*인터넷중독
송승헌
2009611074
한국언어문화

4) 
개인이 할 수 있는 환경보호
통일신학과 09학번
마쓰오카 히로키

2. 목차

1) 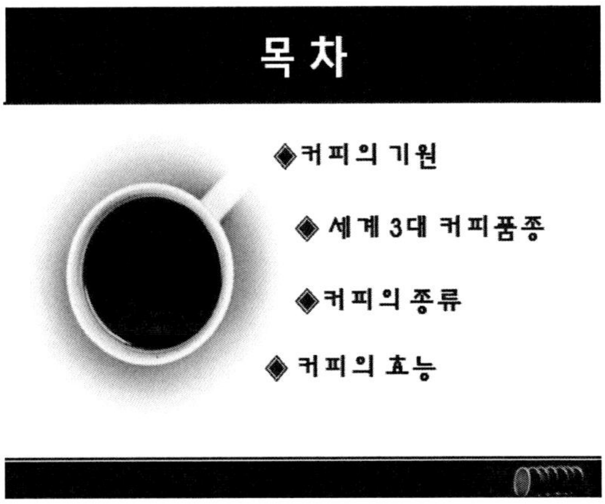
목 차
◈커피의 기원
◈ 세계 3대 커피품종
◈커피의 종류
◈ 커피의 효능

2) 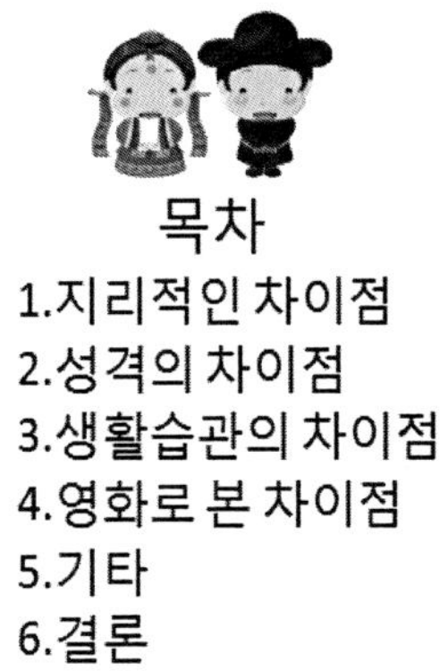
목차
1.지리적인 차이점
2.성격의 차이점
3.생활습관의 차이점
4.영화로 본 차이점
5.기타
6.결론

3) 
목 차
일본 의복의 종류
일본 의복의 특징
일본 음식의 종류
일본 음식의 특징
일본의 주거 형태
일본 주택의 특징

4) 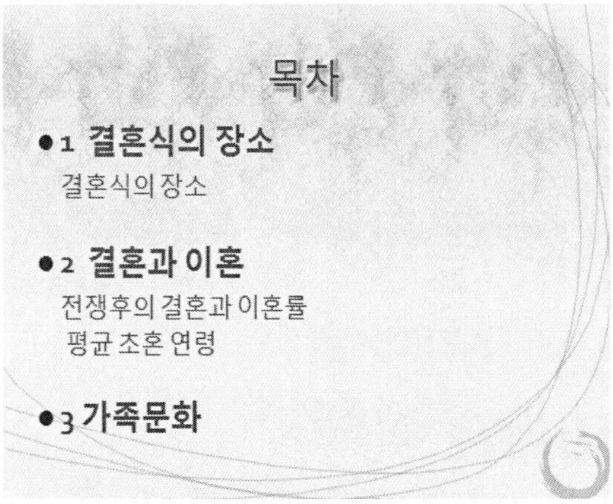
목차
●1 결혼식의 장소
결혼식의장소
●2 결혼과 이혼
전쟁후의 결혼과 이혼률
평균 초혼 연령
●3 가족문화

3. 본문 내용

1)

2)

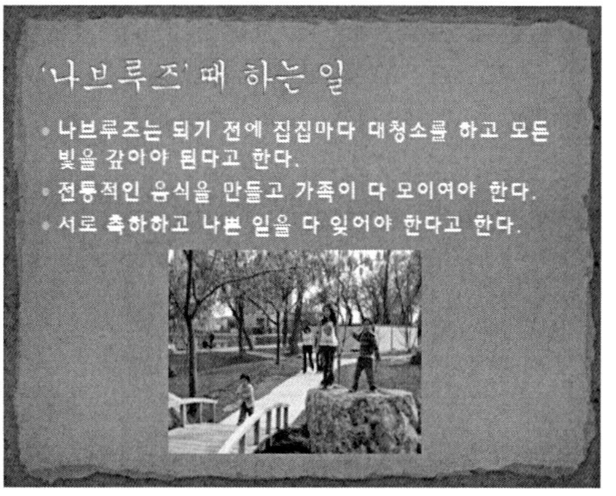

3)

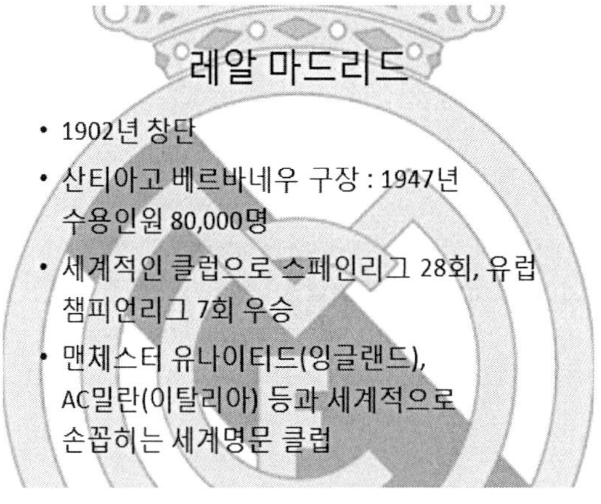

4)

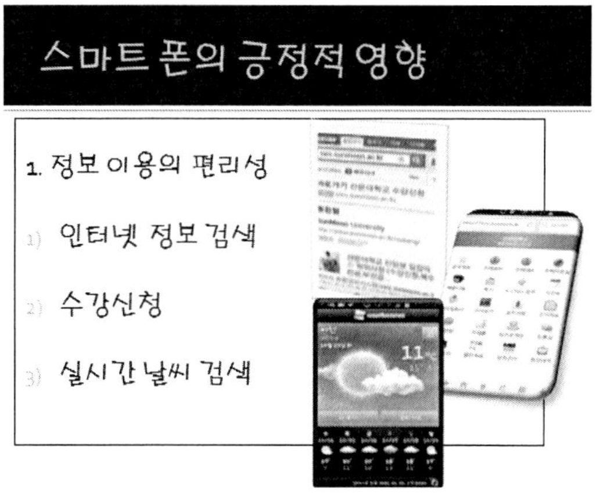

5)

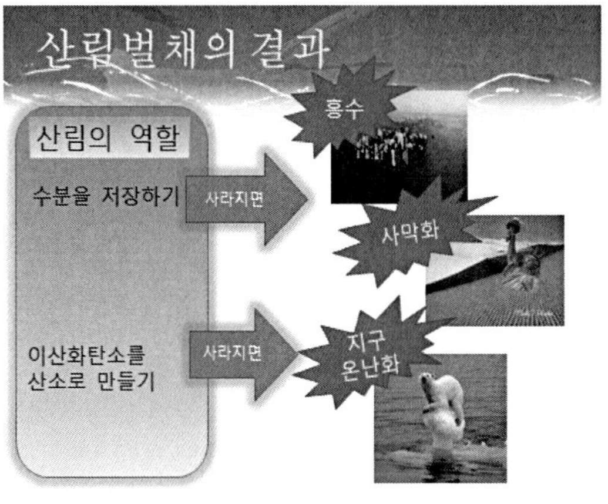

6)

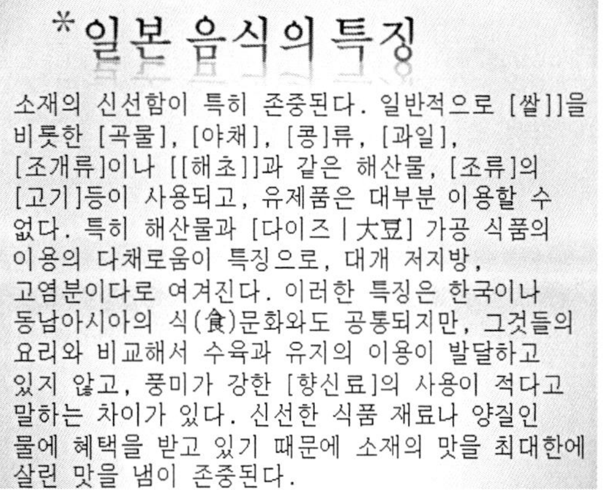

표현 1

1. 다음에서 알맞은 것을 골라 문장을 완성하십시오.

단백질,	발효식품,	섬유질,	성인병,	유산균,	젓갈,	저칼로리
각별하다,	거듭나다,	거스르다,	억제하다,	절이다,	함유되다	

1) 치즈, 된장, 김치, 낫또와 같은 식품을 __________이라고 한다.

2) 커피에는 카페인이 __________ 있어 어린이에게 좋지 않다.

3) 나는 건강을 위해 두부, 버섯, 채소 같은 ___________ 음식을 먹는다.

4) ___________은 고기와 콩 등에 주로 들어 있는 영양소이다.

5) 조개, 새우, 생선 따위를 소금에 절여 발효시킨 것을 ________이라고 한다.

6) 우리 오케스트라가 일류 오케스트라로 ____________면 우리 모두의 노력이 필요하다.

7) 전 세계적으로 에너지가 부족한 가운데 김 박사의 대체에너지 개발 연구는 ____________ 관심을 끌고 있다.

8) 어머니는 김치를 담그기 위해서 배추를 소금에 ___________.

9) ___________이 많이 들어 있는 요구르트는 특히 위나 장에 좋다.

10) 주로 중년 이후의 성인들에게 문제되는 병을 통틀어 __________이라 한다.

11) 연어는 알을 낳기 위해 하류에서 상류로 강을 _________ 헤엄쳐 간다.

12) 변비에 걸린 사람은 물을 많이 마시고 ________을 충분히 섭취해야 한다.

13) 교통문제와 배기가스로 인한 환경오염 문제를 해결하기 위해서는 자동차의 증가를 ___________.

활동 1

다음 자료를 읽고 발표할 내용을 정리한 후 PPT를 만들어 보십시오.

김치는 한국의 대표적인 음식이다. 매일 식사 때마다 김치를 먹고 심지어 김치를 위한 김치냉장고도 있다. 일상생활에서도 사직을 찍을 때 '김치'라고 한다. 한국인들에게 김치는 단순히 음식만은 아닌 것 같다. 이런 김치가 최근에는 세계의 음식으로 거듭나고 있다. 이에 김치를 바로 알기 위해 김치의 기원과 김치의 종류, 그리고 김치의 효능에 대해 살펴보고자 한다.

김치는 배추, 무 등을 굵은 소금에 절여 씻은 다음 고춧가루, 파, 마늘, 생강 등의 양념과 젓갈을 넣어 버무려 저장한 한국의 저장 발효 식품이다. 김치가 처음 등장한 것은 삼국시대로 지금부터 약 1800년 전이다. 그러나 그 때의 김치는 무나 배추를 소금에 절인 것으로 '채소를 소금물에 담근다.'는 뜻에서 '침채(沈菜)'라고 했다. 이것이 변하여 '김치'가 되었는데 조선 중기 이후 고추가 전래되면서 오늘날과 같은 김치가 개발되었다.

이러한 김치는 한반도의 기후, 계절, 각 가정의 생활환경 및 식습관에 따라 다양하게 발달 정착했다. 김치는 보통 김치와 김장김치로 나눈다. 보통 김치는 오이소박이, 열무김치, 깍두기, 파김치처럼 비교적 손쉽게 담가 오래 저장하지 않고 먹는 김치를 말한다. 김장김치는 추운 겨울철 채소가 없을 때를 대비하여 늦가을에 준비하는 김치이다. 배추김치와 보쌈김치, 동치미 등은 김장김치이다. 김치는 사용되는 재료와 담그는 방법에 따라 200여 종이 된다.

또 계절에 따라 사랑받는 김치가 다르다고 할 수 있는데, 봄에는 나박김치와 겉절이, 여름에는 열무김치와 오이소박이, 가을에는 배추김치와 총각김치, 겨울에는 김장김치와 동치미 등이 계절에 어울리는 김치이다.

미국의 건강 전문지 〈헬스〉는 김치를 세계 5대 건강식품의 하나로 선정했다. 김치는 각종 채소와 젓갈을 넣어 만들기 때문에 비타민은 물론 단백질과 무기질 등이 함유된 종합 영양 식품으로 평가 받는다. 또한 섬유질이 풍부하고 지방이 적은 저칼로리 음식으로 현대인의 다이어트에도 매우 효과적이다. 최근에는 채소와 마늘을 발효 시키는 과정에서 발생하는 유산균이 다른 균이 침입하는 것을 막아주며, 암을 억제하고 예방한다는 연구 결과까지 나왔다. 이에 세계 여러 나라에서는 앞 다투어 '김치 배우기'에 더욱 각별한 관심을 보이고 있다.

김치는 한국 고유의 음식이지만 김치의 효능과 맛으로 인해 세계인의 관심을 받고 있다. 이에 김치를 더욱 자랑스럽게 여기고 세계의 음식으로 거듭날 수 있도록 연구해야 할 것이다.

1. 김치에 대한 내용을 정리하고 그것을 바탕으로 ppt를 만들어 보십시오.

① 첫 화면

제목: ____________

이름: ____________

소속: ____________

② 두 번째 화면

목 차

1. ____________

2. ____________

3. ____________

③ 세 번째 화면

소제목: ____________

본문

④ 네 번째 화면

소제목: ____________

본문

표현 2

다음은 발표를 할 때 사용하는 표현들입니다.

〈 발표를 시작할 때 〉

1. 인사, 발표자 소개

- 안녕하십니까? 오늘 발표를 맡은 ____과 ____학번 _____입니다.
- 안녕하십니까? 오늘 발표를 맡은 ____조 대표 ______입니다.

2. 주제 제시하기

- 오늘 제가 발표할 내용은(주제는) _____에 대한(관한) 것입니다.
- 오늘 저는 _____에 대해 발표하려고 합니다.

3. 목적(이유) 말하기

- 제 발표의 목적은 (이 발표를 통해) ________하는 데 있습니다.
- _______하기 때문에 _____에 대해(이 주제에 대해) 발표하고자 합니다.
- 그렇기 때문에(그래서) _____에 대해(이 주제에 대해) 발표하고자 합니다.

4. 내용 순서 제시하기(목차 말하기)

- ___에 대해서(주제) ___, ____, ___, _____ 순으로 발표하겠습니다.
- 저는 발표 내용을 다음과 같이 나누어 설명하고자 합니다. 첫째,___ 둘째, ___ 셋째, ___ 마지막으로/끝으로 ___

〈 발표를 마칠 때 〉

1. 마무리 언급하기

- 이상으로 _____에 대해서 살펴보았습니다.

2. 요약하기

- 지금까지 말씀 드린 내용을 간단히 요약하면 ~
- 이상에서 살펴본 바와 같이 ~

6. 질문 받기

- 질문이나 의견이 있으시면 말씀해 주시기 바랍니다.
- 혹시 질문이 있으십니까?

7. 끝인사

- 지금까지 __에 대해서 말씀드렸습니다. 이것으로 제 발표를 마치겠습니다.
- 이상으로 발표를 마치겠습니다. 지금까지 발표를 들어주셔서 감사합니다.

활동 2

그룹별로 김치에 대한 PPT를 발표하고 발표 후 서로 의견을 나눠 봅시다.

제 7 과

광고 비평하기

도입

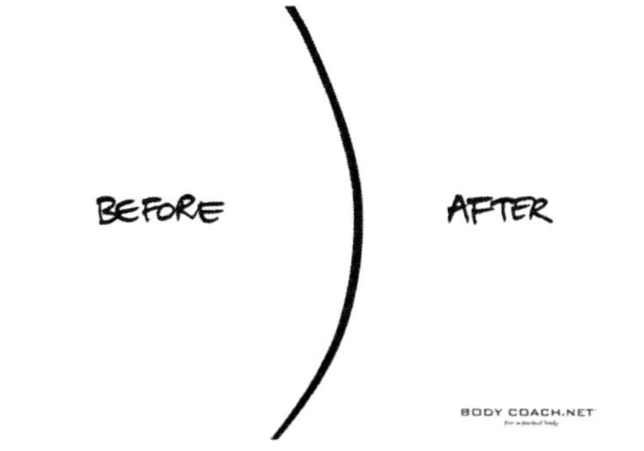

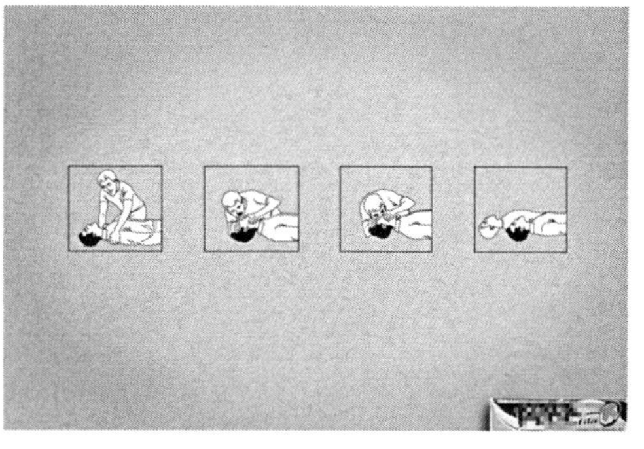

1. 위의 광고들은 각각 무엇을 광고하는 것입니까?

2. 어떤 광고가 가장 인상적입니까? 그 이유는 무엇입니까?

3. 한국 광고 중에서 인상적인 광고가 있으면 이야기해 봅시다.

듣고 말하기 1

1. 무슨 광고인 것 같습니까?

2. 광고를 보면서 빈칸을 채우십시오.

저는 준다면 받겠습니다.
저는 ______________________________ 준다면 받겠습니다.
저는 사랑하지 않겠습니다.
저는 ________________ 사랑하지 않겠습니다.
저는 듣지 않고 고르겠습니다.
저는 ____________ 듣지 않고 고르겠습니다.

3. 다음 글의 빈칸을 자신의 생각으로 바꿔서 써 보십시오.

저는 준다면 받겠습니다.
저는 ______________________________ 준다면 받겠습니다.
저는 사랑하지 않겠습니다.
저는 ________________ 사랑하지 않겠습니다.
저는 듣지 않고 고르겠습니다.
저는 ____________ 듣지 않고 고르겠습니다.

4. 여러분은 어떤 사람을 대통령이나 수상으로 뽑겠습니까? 그렇게 생각한 이유는 무엇입니까?

듣고 말하기 2

1. 무슨 광고인 것 같습니까?

2. 가장 많이 나온 단어는 무엇입니까?

3. 여러분은 물건을 살 때 항상 진품을 구입합니까? 아니면 비슷한 물건을 싼 값에 구입합니까?

4. 이 광고의 중심 메시지를 쓰십시오.

듣고 말하기 3

1. 무슨 광고인 것 같습니까?

2. 이 광고에서는 말할 때 무엇을 하지 말라고 했습니까?

3. 여러분은 항상 아름답고 바른 언어만을 사용합니까?

4. 여러분은 다른 사람에게 듣기 불편한 말(은어, 비속어)을 해 본 적이 있습니까? 또는 들어 본 적이 있습니까?

5. 이 광고의 중심 메시지는 무엇입니까?

표현 1

1. 다음은 광고를 제작할 때 중요하게 생각되는 것입니다. 다음에서 광고가 갖추어야 할 점이라고 생각되는 것을 3가지 고르십시오.

- □ 멋진 디자인과 색감
- □ 따뜻한 인간미와 정적인 분위기
- □ 사고 싶게 만드는 광고 내용
- □ 재미있는 광고 카피
- □ 기업에 대한 믿음과 좋은 이미지
- □ 상품에 대한 자세한 정보
- □ 상품의 특징을 잘 전달
- □ 다른 상품과의 차별성 안내
- □ 소비자들의 호기심 유발
- □ 평소 좋아하는 인지도가 높은 사람이 광고
- □ 컴퓨터그래픽을 통한 화려한 영상 효과

2. 다음 단어에 해당되는 정의를 골라 연결하십시오.

1) 충동구매	a) 소비자가 어떤 상품을 사고 싶어 하는 욕구
2) 매출	b) 기업이나 단체가 공공의 이익을 목적으로 하는 광고
3) 과소비	c) 다른 사람의 감정, 의견 등에 대하여 자기도 그렇다고 느끼는 기분
4) 구매욕	d) 물건을 파는 일
5) 인지도	e) 조화되지 않는 느낌
6) 위화감	f) 돈이나 물품 등을 지나치게 많이 써서 없애는 일
7) 공익광고	g) 어떤 사람이나 물건을 알아보는 정도
8) 공감	h) 물건을 살 필요나 의사가 없었지만 물건을 구경하거나 광고를 보다가 갑자기 사고 싶어져서 사는 행동

3. 다음에서 맞는 것을 골라 문장을 완성하십시오.

평가하다	반영하다	기발하다	권장하다	부여하다
제고하다	뛰어나다	모색하다	독특하다	부각되다

1) 그 사람이 내 놓는 아이디어는 항상 참신하고 ______________________ .

2) 형은 운동에 ______________________ 소질이 있어서 어떤 운동이든지 다 잘한다.

3) 유행어는 보통 그 시대의 모습을 ______________________ .

4) 대학 시절의 마지막을 기념하며 가는 졸업 여행에 특별한 의미를 ______________________ .

5) 이 건축물은 신라 시대에서만 볼 수 있는 ______________________ 건축 양식입니다.

6) 우리 회사에서는 직원들에게 출퇴근 시 대중교통을 이용하라고 ______________________ .

7) 어떤 사람을 ______________________ 위해서는 어느 한 면만 보아서는 안 됩니다.

8) 그 작품에서는 방황하는 현대 젊은이들의 모습이 ______________________ .

9) 신제품을 개발하기 위해 아침마다 생산성을 ______________________기 위한 아이디어 회의를 한다.

10) 환경오염을 막기 위한 해결방법을 ______________ 것은 국가나 민족을 초월하여 전 세계가 함께 노력해야 한다.

표현 2

◉ 특정 관점에서 말할 때 사용하는 표현

* -(이)라는 측면에서 / 관점에서
학생들의 봉사정신 **함양이라는 측면에서** 헌혈운동은 좋은 반응을 거두었다.

* -(이)라는는 차원에서 볼 때
차별성 강조라는 차원에서 볼 때 '김치냉장고'는 다른 냉장고에서는 볼 수 없는 김치를 숙성 시켜 맛을 유지한다는 과학적 이미지를 부각시켰으므로 높이 평가할 수 있다.

* -(이)라는 입장에서 보면
기업 경영이라는 입장에서 보면 이익을 내지 못하는 기업을 정리하는 것은 불가피한 일이라고 할 수 있다.

* 앞에서 배운 표현을 사용해서 말해 봅시다.

1. (소비자의 관심 유발): 현대 자동차의 신제품은 성공적이다.

⇒ 가: 이번에 출시된 현대 자동차의 신제품은 어떻게 평가될 수 있을까요?
나:

2. (외국인): 충분히 당황할 수도 있는 일이다.

⇒ 가: 이번 일을 어떻게 보십니까?
나:

3. (소비자): 가격에 비해 품질이 좋은 제품을 구입한다.

⇒ 가: 백화점 바겐세일에 대해 어떻게 생각하십니까?
나:

활동 1

다음 광고를 보고, 광고에 대한 간단한 평가 내용을 바탕으로 비평해 보십시오.

작은 나눔이 큰 꿈이 됩니다. 나눔으로 펼치는 더 큰 희망

(http://www,ktng.com)

관점	평가
독창성	참신한 아이디어가 돋보인다.
기업의 이미지 제고	자원 봉사 활동을 주제로 했다.
상품에 대한 정보 전달	상품에 대한 정보가 전혀 없어서 KT&G가 자원 봉사 활동 단체라고 생각할 수도 있다.

1) 독창성이라는 관점에서 보면 KT&G 광고는 참신한 아이디어가 돋보이는 광고라고 평가할 수 있습니다.

2)

3)

활동 2

다음 광고를 보고 조별로 관점을 정하여 비평해 보십시오. 관점을 정할 때 아래 〈보기〉를 참고하십시오.

〈보기〉	
- 기업의 이미지 제고	- 상품에 대한 정보 제공
- 독창적인 아이디어	- 차별성 부각
- 매출 증가	- 관심과 궁금증 유발

〈나이키 광고〉

관점:

평가:

⇒

〈우체국 광고〉

관점:

평가:

⇒

〈살충제 광고〉

관점:

평가:

⇒

활동 3

1. 광고하고 싶은 대상을 정하고, 직접 광고 제작 기획안을 만들어 봅시다.

광고할 제품	
이 상품의 특징	
표현 방법	
광고 매체	
이 상품의 이름	

※ 참고

*** 광고 1**

저는 준다면 받겠습니다.
저는 실현 가능한 공약을 준다면 받겠습니다.
저는 사랑하지 않겠습니다.
저는 불법 선거를 사랑하지 않겠습니다.
저는 듣지 않고 고르겠습니다.
저는 흑색선전은 듣지 않고 고르겠습니다.

*** 광고 2**

스쿠터 짝퉁이네 짝퉁 짝퉁 짝퉁
오! 짝퉁, 진짜 같은데? 짝퉁 짝퉁 (가방)
짝퉁! 짝퉁 짝퉁 짝퉁 (옷)
창피하시죠?
진짜보다 더 좋은 가짜는 없습니다.
정품 구매
당신과 대한민국을 더 건강하게 만드는 합리적인 소비의 시작입니다.
짝퉁 잡았다!!!
위조 상품 없는 당당한 대한민국

특허청 한국지식재산보호협의회

*** 광고 3**

아름다운 우리말 쓰기 캠페인
지금부터 욕설이나 은어를 쓰지 않고 말해 보세요.
그그그 …… 뭐냐면 ……. "……."
당신은 어떻습니까?
아름다운 우리말을 쓰는 당신이 아름답습니다.

〈음악〉 국카스텐의 '어서 말을 해'

제 8 과

함께 토의하기

도 입

1. 토론과 토의의 차이점이 무엇입니까?

토론과 토의의 공통점과 차이점		
공통점		
차이점	토의	
	토론	

2. 여러분은 토의를 해 본 적이 있습니까? 어떤 주제였습니까?

3. 지금 여러분이 토의를 한다면 어떤 안건으로 토의를 하면 좋을까요?

표현 1

◉ **자기 의견을 밝힐 때**

제 생각을 말씀 드리면

제 경험에 비추어 보면

제 입장에서는 이렇습니다.

◉ **상대방 의견에 동의할 때**

저도 그 의견에 찬성합니다.

저도 동감입니다.

제 생각도 같습니다.

◉ **상대방 의견과 다를 때**

저는 좀 다른 생각인데요.

저는 그 의견에 동의하기가 어려워요.

그 의견도 좋지만 -이/가 어떨까요?

표현 2

사회자가 진행을 할 때

◉ **시작할 때**

바쁘신 중에도 참석해 주셔서 감사합니다.

참석자를 소개해 드리겠습니다.

자신의 의견을 자유롭게 말씀해 주십시오.

◉ **진행 중에**

수고하신 발표자 분께 박수 부탁드립니다.

이에 대한 다른 의견 있으시면 말씀 부탁드립니다.

혹시 덧붙일 의견 있으십니까?

◉ **끝마무리 할 때**

지금까지 논의된 것을 정리해 보면

이것으로 토의를 모두 마치겠습니다.

끝까지 자리해 주신 여러분께 진심으로 감사드립니다.

연습 1

1. 다문화 자녀를 돕기 위한 봉사를 하려고 합니다. 다음은 '조별 토의 방식'으로 봉사 계획을 세우고 있는 모습입니다.

(5명 정도를 한 조로 하여 둘러앉고 각 조의 조장을 선출한다.) 사회자 : 이 주제에 대하여 좋은 아이디어가 있으면 양식에 적어 주십시오. (모두 조별 토의 양식에 자신의 의견을 적는다.) 사회자 : 그러면 조별로 각 조장에게 자신의 의견을 발표해 주십시오. (조별로 돌아가면서 한 사람씩 의견을 발표하고 조장이 그 의견을 적는다.) 조　장 : 우리 조의 여러 의견 중에 투표로 좋은 안을 채택하겠습니다. 마음에 드는 의견에 손을 들어 주십시오. (조장은 조원이 다수결로 선택한 의견들을 정리한다.) 사회자 : 각 조별로 토의한 봉사 계획을 발표해 주십시오.

〈다문화자녀를 돕기 위한 조별 토의 양식 〉	
봉사 장소	
봉사 요일 및 시간	
봉사 내용	

2. 다른 일로 주제를 바꾸어 조별 토의를 해 봅시다. 성공적으로 그 일을 실행하기 위해서 구체적으로 어떤 논의를 해야 합니까?

연습 2

기부 문화의 필요성이라는 주제로 다음 '브레인스토밍 토의 방식' 과 같이 진행해 봅시다.

사회자 : 여러분은 우리 사회에서 기부 문화가 필요하다고 생각하십니까? 그 필요성을 알아보기 위해 우선, 어떤 기부 형태들이 있는지 아시는 기부 형태들을 자유롭게 말씀해 주시기 바랍니다. 사회자 : 네, 여러분이 말씀을 들어보니 정말로 다양한 기부 형태가 있습니다. 그러면 각각의 기부형태에 어떤 의미가 담겨 있는지 한번 의견을 들어보기로 합시다. 사회자 : 네, OO기부 형태들에 대해 OO의미가 있다는 의견이 나왔습니다. 여러분이 이 중 하나를 선택해서 기부를 실천한다면, 언제쯤 어떤 방법으로 실천하고 싶습니까? 사회자 : 네, 취업 후 실천한다는 사람이 많았는데요. 그러면 경제적으로 풍족하지 않아도 기부는 실천할 수 있다고 생각하십니까?

실제 '브레인스토밍' 방식을 이용해서 기부 문화의 필요성이란 주제나 또 다른 안건으로 토의해 봅시다. 토의된 내용을 아래 〈회의록〉에 기록해 봅시다.

〈 회의록 〉	
일시 및 장소	
참 여 자	
토의 안건	
토의 내용	

활동

1. 다음은 토의를 할 때 도움이 되는 말들입니다. 유사한 내용의 두 문장을 찾아 (   )안에 번호를 쓰십시오.

가. 다양한 문화를 인정하면 대화는 저절로 잘된다. (6)
나. 정성껏 들으면 마음의 소리가 들린다. (   )
다. 남의 명예를 깎아 내리면 나에게도 해가 된다. (   )
라. 농담으로 비난한다고 해서 다 용서되는 것은 아니다. (   )
마. 설명이 부족한 것 같을 때쯤 말을 멈춰라. (   )
사. 좋은 말만 한다고 해서 누구나 좋게 평가 하는 것은 아니다. (   )
아. 협력은 둘 다에게 승리이다. (   )

1. 포옹은 화합의 언어이다.
2. 지나친 아첨은 누구에게나 역겨움을 준다.
3. 지루함을 참고 들어주면 감동을 얻는다.
4. 무시 당하는 말은 바보도 알아듣는다.
5. 적당할 때 말을 끊으면 다 잃지는 않는다.
6. **상대편은 내가 아니므로 나처럼 되라고 말하지 말라.**
7. 남에게 괘씸한 느낌을 주는 말은 위험하다.

2. 위 의미를 통해 토의 시간에 유의할 점에 대해 친구와 이야기해 보십시오.

◉ 토론과 토의의 차이점

* 토의는 여럿이 같은 방향의 결론을 향해 가는데, 세부적인 방안을 위해 의견을 모으는 것이다. 즉 협력하여 의사를 결정하며 문제를 풀어 가는 것이 토의이다.
* 토론은 찬성이나 반대 입장에서 자기주장을 말하는 것으로, 서로 다른 방향으로 최선의 결론을 향해 가면서 상대방을 자기 방향으로 설득하려는 것이 다르다.

제 9 과

시나리오 만들기

도 입

1. 최근에 본 영화 / 드라마는 무엇입니까?

2. 지금까지 본 영화 / 드라마의 장면 중 가장 인상 깊은 장면은 무엇입니까?

3. 이야기 속 주인공이 되고 싶었던 적이 있습니까?

이야기 만들기 1

다음은 쌩떽쥐베리의 〈어린왕자〉를 스토리텔링 방식으로 이야기한 것입니다.

(가) 비행기 사고로 사하라 사막에 불시착한 '나' 는 그곳에서 어린 왕자를 만납니다. 아주 작은 떠돌이별에서 자존심 강한 장미꽃 한 송이와 함께 살던 그는 장미꽃의 투정에 마음이 상해 그 별을 떠났지요.

(나) 여행 중에 어린 왕자는 여러 별을 거쳤습니다. 이 별들은 모두 어린 왕자 자신의 별처럼 아주 작은 떠돌이별이어서 한 사람씩밖에 살고 있지 않았지요. 그곳에서 어린 왕자가 만난 사람은 왕과 허영심 가득한 남자, 주정뱅이, 상인, 가로등 관리하는 사람, 지리학자였습니다. 그들은 하나같이 이상한 어른들이었지요. 그리고 마침내 어린 왕자는 지구로 오게 되었습니다.

(다) 지구에서 어린 왕자가 처음 만난 것은 뱀이었습니다. 뱀은 어린 왕자에게, 언제든지 떠나온 별이 그리우면 도와줄 수 있다고 말하지요. 그리고 어린 왕자는 여우를 만났습니다. 여우는 어린 왕자에게 '길들인다'는 것의 의미와 책임, '잘 보려면 눈이 아니라 마음으로 보아야 한다.'는 것을 가르쳐 주지요.

(라) 그래서 어린 왕자는 정원을 가득 메운 장미꽃들보다 자신과 관계를 맺은 장미꽃 한 송이가 더 소중하다는 것을 알게 됐고, 그는 자존심 강하지만 한없이 약한 장미꽃이 새삼스레 걱정스러워집니다.

(마) 지구에 온 지 꼭 1년이 되는 날, 어린 왕자는 강한 독을 지닌 뱀에게 물려 쓰러집니다. 서로를 길들이며 관계를 맺었던 그 약하고 순진한 장미꽃에 대한 책임을 다하기 위해 자신의 별로 떠난 거지요. '나'는 밤하늘의 별을 바라볼 때마다 어린 왕자의 장미꽃, 그리고 어린 왕자에게 그려 준 양을 생각하며 행복감에, 또는 슬픔에 잠깁니다.

1. 윗 글에서 (다) 부분을 어린 왕자와 뱀의 대화, 어린 왕자와 여우의 대화로 바꾸어 이야기를 만들어 보십시오.

1) **어린 왕자와 뱀의 대화**   2) **어린 왕자와 여우의 대화**

2. 짝과 함께 서로의 역할을 정해서 연극처럼 대사로 말해 보십시오.

3. 9과 뒷부분에 (다)에 해당되는 〈어린 왕자〉의 실제 원작을 실었습니다. 자신이 만든 이야기와 실제 작품을 비교해 보십시오.

이야기 만들기 2

다음은 영화 속의 한 장면입니다. 〈보기〉와 같이 어떤 상황인지 상상해서 이야기를 만드십시오.

〈보기〉

휠체어를 탄 노인은 젊은이들이 매우 반가워서 계속 무슨 말인가를 열심히 하고 있다. 알고 보니 찾아 온 그들 중 하나는 잃어버린 아들이었다.

1.

2.

뮤직 비디오 시나리오 만들기

1. 팀을 나누어 아래 가수 'K. Will' 의 노래 '이러지마 제발' 가사를 보면서 뮤직 비디오 제작을 위한 시나리오를 구상해 보십시오.

이러지마 제발

나란히 앉은 자동차 속에선 음악도 흐르지 않아
늘 잡고 있던 니 왼손으로 너 입술만 뜯고 있어

니가 할 말 알아 그 말만은 말아
Don't know why Don't know why
일 분 일 초 더 끌고 싶은데 텅 빈 길 나를 재촉해

빙빙 돌아온 너의 집 앞이 나 익숙해 눈물이 나와
하루가 멀게 찾아온 여기서 길을 내가 잃은 것 같아

이러지마 제발 떠나지마 제발
Don't know why Don't know why
비도 안 오는 유리창 넘어 뿌옇게 멀어지는 너

말처럼 쉽진 않은 널 보내야 한다는 일
돌아서서 날 버리고 가는 널 보지 못하고 떨구고 마는
눈물도 이젠 닦아야겠지 주머니 속
니가 줬던 손수건을 써야 할 지 이젠 버려야 할 지
왜 떨림이 멈추질 않지

미친 척하고 널 잡아 보려 해도 내 몸이 내 말을 잘 듣지를 않아
차 안에 남은 니 향기에 취해 영영 깨고 싶지 않은 걸

이러지마 제발(제발) 떠나지마 제발(제발) 돌아와 (돌아와) 돌아와 (돌아와)
니가 떠나간 빈자리 위엔 차가운 향기만 남아

이러지마 제발 떠나지마 제발 돌아와 (돌아와) 돌아와 (돌아와)
남은 향기만 안고 있을게 돌아와 니 자리로

* 등장인물의 동작, 표정, 대사, 심리, 사건 주제와 소재, 공간적 시간적 배경, 음악이나 조명 분위기 등 기획 의도에 맞게 세부 계획을 세운다.

* **용어**

FO(fade out) : 화면이 차차 어두워짐

FI(fade in) : 화면이 차차 밝아짐

NAR(narration) : 해설

S#(scene number) : 장면 표시 번호

W.O(wipe out) : 한 화면이 닦아내듯 없어지며 다른 화면이 나타나는 수법

O.L(overlap) : 회상 장면 등에서 한 화면 끝과 다음 화면 처음을 부드럽게 포개는 것

PAN : 카메라를 상하좌우로 이동하는 것

콘티(continuity) : 현장용 연출 대본

Ins(insert) : 삽입 화면

〈뮤직 비디오 시나리오 만들기〉

* 제목 : 이러지마 제발

* 주제 :

* 소재 :

2. 노래를 들으며 자기 팀에서 구상했던 뮤직 비디오를 다시 한 번 떠올려 보십시오.

3. 실제 전문가가 제작한 '이러지마 제발' 뮤직 비디오를 보면서 자기 팀이 구상한 뮤직 비디오 내용과 비교해서 발표해 보십시오.

옛날이야기 시나리오로 바꾸기

1. 다음은 옛날이야기 '토끼의 간' 입니다. 그림을 보고 이야기를 쓰고 마지막에 어떤 내용이 이어질지 상상해서 쓰십시오.

1)

2)

3)

4)

5)

6)

?

2. 팀을 나누어 위 각각의 그림을 대화로 만들고, 역할극으로 발표해 봅시다.

〈그림1〉
〈그림2〉
〈그림3〉
〈그림4〉

〈그림5〉
〈그림6〉

※ **참고**

◉ **어린 왕자**

“아름답구나. 여긴 무엇하러 왔니?” 뱀이 물었다. “ 난 어떤 꽃하고의 사이에 아주 골치 아픈 일이 있단다.” 어린 왕자가 말했다. “그래” 뱀이 대답했다. 그리고 그들은 서로 잠자코 있었다.
“사람들은 어디에 있지? 사막에선 조금 외롭구나.” 어린 왕자가 마침내 다시 입을 떼었다. “사람들 가운데서도 외롭기는 마찬가지야. ” 뱀이 말했다. 어린 왕자는 그를 한참 바라보았다. “넌 아주 재미있게 생긴 짐승이구나. 손가락처럼 가느다랗고…….” 그가 말했다. “그래도 난 왕의 손가락보다도 더 힘이 세단다.” 뱀이 말했다. 어린 왕자는 미소를 지었다. “넌 힘이 세지 못 해. 발도 없고……. 여행도 할 수 없잖아…….” “ 난 배보다도 더 먼 곳으로 너를 데려다 줄 수 있어.” 뱀이 말했다. 그는 어린 왕자의 발뒤꿈치에 팔찌처럼 몸을 휘감더니 말했다. “나를 건드리는 사람마다 그가 나왔던 땅으로 돌려보내 주지. 하지만 너는 순진하고 또 다른 별에서 왔으니까” 어린 왕자는 아무 대꾸도 하지 않았다. “네가 측은해 보이는구나. 무척이나 연약한 몸으로 이 돌멩이 투성이의 지구에 있으니. 네 별이 그리울 때면 언제고 내가 너를 도울 수 있을 거야. 난……”

“응! 아주 잘 알았어. 헌데 왜 그렇게 언제나 수수께끼 같은 말만 하니?” “난 그 모든 걸 해결할 수 있어.” 뱀이 말했다. 그리고 그들은 침묵을 지켰다.

...... (중략) ......

”이 세상에 자기와 같은 꽃은 하나뿐이라고 그의 꽃은 그에게 말해주었던 것이다. 그런데 정원 하나 가득히 똑같은 꽃들이 5천 송이는 되는 게 아닌가! ‘내 꽃이 이걸 보면 몹시 상심할 거야.’ 하고 어린 왕자는 생각했다. ‘기침을 지독히 해대면서 창피스러운 모습을 보이지 않으려고 죽는 시늉을 할 거야. 그럼 난 간호해 주는 척하지 않을 수 없겠지. 그렇지 않으면 내게 죄책감을 주려고 정말로 죽어버릴지도 몰라.’ 그리고 그는 이렇게도 생각했다. ‘이 세상에 오직 하나 뿐인 꽃을 가졌으니 부자인 줄 알았는데 내가 가진 꽃은 그저 평범한 한 송이 꽃일 뿐이야. 그중 하나는 영영 불이 꺼져버렸을 지도 모를, 내 무릎까지 오는 세 개의 화산과 그 꽃으로 내가 굉장히 위대한 왕자가 될 수는 없어. 그래서 그는 풀숲에 엎드려 울었다. 여우가 나타난 것은 바로 그때였다. “안녕” 여우가 말했다. “안녕” 어린 왕자는 공손히 대답하고 몸을 돌렸으나 아무것도 보이지 않았다. “난 여기 사과나무 밑에 있어.” 좀 전의 그 목소리가 말했다. “너는 누구지? 넌 참 예쁘구나.” 어린 왕자가 말했다. “난 여우야.” 여우가 말했다. “이리 와서 나와 함께 놀아. 난 정말 슬프단다.” 어린 왕자가 제의했다. “난 너와 함께 놀 수 없어,” 여우가 말했다. “나는 길 들여져 있지 않으니까.” “아, 미안해.” 어린 왕자가 말했다. 그러나 잠시 생각해 본 후에 그는 다시 말했다. “〈길 들인다〉는 게 뭐지?” “너는 여기 사는 애가 아니구나. 넌 무얼 찾고 있니?” 여우가 물었다. “난 사람들을 찾고 있어,” 어린 왕자가 말했다. “〈길 들인다〉는 게 뭐지?” “사람들은 소총을 가지고 있고 사냥을 하지. 그게 참 곤란한 일이야 ! 그들은 병아리들도 길러. 그것이 유일한 관심사지. 너 닭을 찾니?” 여우가 물었다. “아니야, 난 친구들을 찾고 있어. 〈길 들인다〉는 게 뭐지?” 어린 왕자가 말했다. “그건 너무 잘 잊혀지고 있는 거지. 그건 〈관계를 만든다〉는 뜻이야.” 여우가 말했다. “관계를 만든다고?” “그래.” 여우는 말했다. “ 넌 아직은 나에겐 수많은 다른 소년들과 다를 바 없는 한 소년에 지나지 않아. 그래서 난 너를 필요로 하지 않고, 난 너에겐 수많은 다른 여우와 똑같은 한 마리 여우에 지나지 않아. 하지만 네가 나를 길들인다면 나는 너에겐 이 세상에서 오직 하나밖에 없는 존재가 될 거야. ” “차츰 무슨 말인지 이해가 가.” 어린 왕자가 말했다. “ 꽃 한 송이가 있는데, 그 꽃이 나를 길들인 걸 거야.” “그럴 지도 모르지.” 여우가 말했다.

제10과

호칭어와 지칭어

도 입

1. 한국의 식당에서 직원을 부를 때 뭐라고 합니까?

2. 한국 사람들은 '아저씨', '오빠' 라는 말을 언제 사용합니까?

3. 한국에서는 어떤 상황에서 '이모' 라는 호칭어를 사용하는 것 같습니까?

표현 1

(예1)

친구와 백화점에 갔다. 여성복을 파는 곳에 갔을 때 백화점 직원들이 매장에 온 손님들에게 '사모님'이라는 말을 많이 했다. 학교에서 배울 때는 '사모님'은 선생님의 아내를 뜻한다고 했는데……. 왜 백화점 직원들이 여성복을 사러온 손님에게 '사모님'이라고 하는지 모르겠다.

(예2)

KTX를 타고 서울에 가는 길이었다. 옆에 앉은 남자가 가는 동안 계속 전화를 했다. 그런데 전화를 하거나 받을 때 '김 사장님', '최 사장님'이라고 하면서 이야기를 했다. 한국에는 사장님이 무척 많은 가 보다.

(예3)

한국에서 생활하다 보니 이상한 점을 한 가지 발견하게 되었다. 그것은 한국 남자들이 서로 만나 이야기를 하거나 인사를 할 때 '선생님'이라고 부르는 것이다. 서로를 부를 때 박 선생님, 오 선생님이라고 한다. 학교가 아닌 곳에서 이런 호칭을 많이 들었는데 그 분의 직업이 정말 학교 선생님일까?

1. 위의 자료를 읽어 보세요. 여러분도 이와 같은 경험이 있습니까?

2. 여러분 나라에서는 백화점이나 고급 상점에서 손님을 어떻게 부릅니까?

3. 여러분 나라에서는 어른들이 서로 잘 모르는 사람들을 만났을 경우에 어떻게 부릅니까?

표현 2

한국에서는 다음 상황에서 어떤 호칭을 사용할까요?

〈백화점〉

〈회사〉

〈옷가게〉

연습 1

한국 사람들은 여러분을 부를 때 어떤 호칭을 사용합니까?

선생님(사장님), 언니, 저기요, 여기요, 아저씨, 이모, 형, 아줌마, 선배님, 아가씨

친구가 부를 때	
가게 주인이 부를 때	
선생님이 부르실 때	
선배가 부를 때	
길거리 등에서 모르는 사람이 부를 때	
아르바이트하는 사장님이 부를 때	

연습 2

1. 한국에서는 가족이 아니더라도 '오빠, 언니, 이모' 등의 호칭을 사용합니다. 여러분 나라는 어떻습니까? 이렇게 가족 호칭을 다른 사람에게 사용하는 것에 대해 어떻게 생각합니까?

	의견
나	
친구	

2. 여러분 나라에서는 회사에서 동료나 상사를 어떻게 부릅니까?

3. 한국에서 모르는 사람에게 길을 물어 볼 때 뭐라고 부르면서 말을 시작하는 것이 좋을까요?

4. 한국에서 '당신'이라는 호칭어를 사용할 수 있는 상황을 말해 봅시다.

표현 3

1. 다음 대화를 읽고 호칭어와 지칭어가 알맞게 사용되었는지 생각해 봅시다.

1) 시장에서 가게 직원이 손님을 부르는 상황

가: 아줌마, 물건이 좋아요. 보고 가세요.

나: 아줌마요? 됐어요.

2) 길에서 자동차 사고가 난 상황

가: 당신! 운전을 그 따위로 하면 어떻게 해?

나: 뭐? 당신? 왜 반말이야?

3) 회사에서 상사와 대화하는 상황

가: 부장님, 아들이 대학에 입학했다는 소식 들었어요. 축하드립니다.

나: 아들이 대학에 들어갔지…….

4) 남편의 형을 부르는 상황

가: 아저씨, 머리모양이 바뀌셨네요. 잘 어울려요!

나: 그래요? 제수씨, 고마워요. 어색한 것 같아서 걱정했거든요.

5) 형이 동생에게 여자 친구를 소개하는 상황

가: 준세야, 형과 결혼할 사람이야.

나: 소라 씨, 만나서 반가워요.

6) 회사에서 상사와 이야기하는 상황

가: 팀장님, 아내가 로비에서 기다리고 있어요.

나: 그래? 알았어요.

2. 다음의 대화를 적당한 호칭어와 지칭어를 사용하여 완성하십시오. 그리고 짝과 함께 읽어 보십시오.

1) 〈회사〉 나보다 직급이 낮은 부하 직원에게 말을 할 때

김학수 대리: ____________, 사장님이 빨리 오라고 하시는데요.

오용철 팀장: 네, 알겠습니다.

2) 〈회사〉 직장 상사에게 서류 결재를 부탁할 때

김명국 사원: ____________, 결재 좀 부탁드립니다.

최주찬 부장: 네, 어디 봅시다.

3) 〈회사〉 회사 상사의 부인이 병원에 입원했다는 이야기를 듣고 안부를 물을 때

양준선 과장: 상무님, 얼마 전에 ____________께서 입원하셨다면서요?

김순용 상무: 다행히 큰병은 아니었어요.

4) 〈회사〉 교수님께 자녀가 몇 명인지, 몇 살인지를 물을 때

이미라 조교: 교수님, ____________이/가 어떻게 되세요?

우진수 교수: 두 명이에요. 아들은 대학생이고 딸은 중학교 3학년이에요.

나: 네, 그럼 ____________은/는 지금 몇 학년이에요?

5) 〈시장〉 물건을 파는 상인이 지나가는 여성에게 물건을 사라고 권한다. 지나가는 여성은 20대 후반 정도로 보이고 결혼 여부는 알 수 없다.

상인: ____________, 좋은 물건이 많으니까 들어와서 구경해 보세요.

손님: 이 구두 좀 신어 봐도 돼요?

6) 〈길〉 20대 후반 정도로 보이는 모르는 남자에게 길을 물어본다.

여자: ____________, 이 근처에 약국이 있어요?

남자: 네, 저쪽으로 가다가 길을 건너면 바로 보여요.

7) 〈길〉을 지나가다가 상대방과 부딪쳐서 내 옷에 커피가 쏟아졌다. 서로 나이가 비슷한 사람들끼리 어떻게 대화를 할까요?

행인1: ____________이/가 뜨거운 커피를 조심해서 들고 가지 않았으니까

____________ 책임인 거 같아요.

행인2: ____________이/가 앞을 잘 보지 않고 걸어온 것이 잘못 아닌가요?

8) 〈집〉 출근할 때 남편과 아내의 대화이다.

남편: ____________, 오늘 퇴근 후에 회식하는 거 알고 있지?

아내: 알아요. 그렇지만 너무 늦으면 안 돼요.

9) 〈집〉 결혼한 오빠 집에 여동생이 놀러 와서 오빠의 아내와 이야기한다.

남편의 여동생: ____________, 저 왔어요.

오빠의 부인: 아, ____________, 어서 오세요. 오빠는 지금 잠깐 밖에 나갔어요.

10) 〈친구 집〉 소라는 딸 이랑과 함께 대학교 동창 지영 집에 놀러 갔다. 지영 집에서 지영의 아들 준기를 처음 만났다.

지영: 네가 이랑이구나! 아주 예쁘게 생겼네.

소라: 준기는 키가 꽤 크구나, 만나서 반갑다.

이랑아, 이 아줌마는 엄마 친구니까 __________라고 불러. 알았지?

3. 두 사람 사이에 편하게 말을 하기 위해 말을 놓는 경우가 있습니다. 이럴 때는 어떤 표현을 사용해야 할까요? 아래 보기에서 찾아 상황에 맞게 넣으십시오.

말을 편하게 할까요?	말씀 놓으세요.	말 놓을까요?
말을 놓자.	말씀 편하게 하세요.	우리 반말할까요?

1) 아저씨: 현민 씨, 잘 지냈어요?

현 민: 네, 저보다 나이도 많으신데, ______________________________.

2) 한식: 만나서 반가워요.

화영: 만나서 반가워요. 우리 나이도 같은데 ______________________________.

3) 찬희: 우리 같은 과니까 ______________________________.

진복: 그래, 그럼 이제부터 ______________________________.

도입 2

1. 여러분은 한국에서 사용하는 가족 관계의 호칭어를 알고 있습니까? 무엇입니까?

2. 여러분의 가족 관계도를 그리고 호칭어를 써 보십시오.

표현 4

1. 아버지 가족과 어머니 가족을 부르는 말

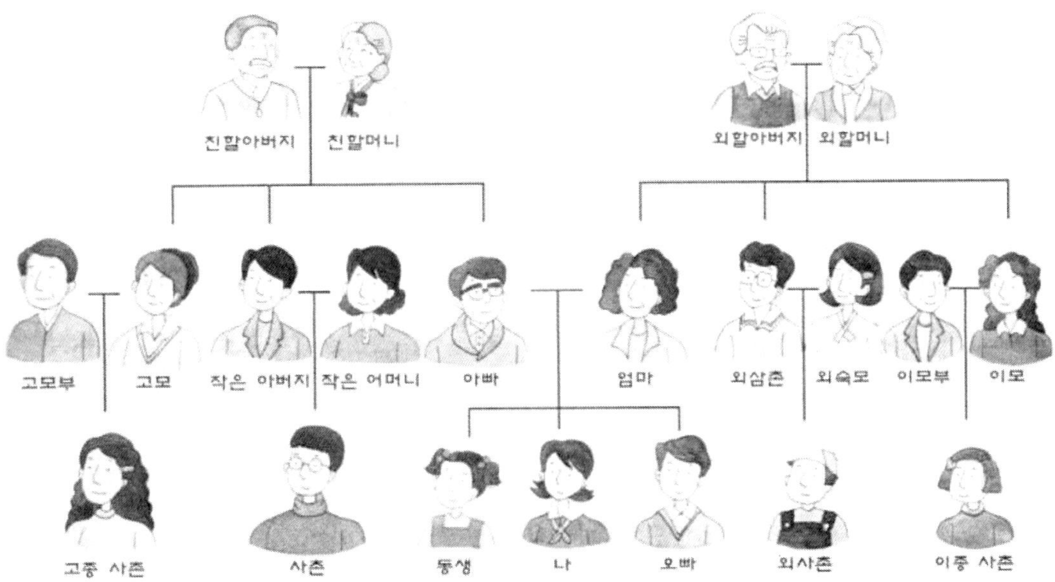

* 위의 가족관계도를 보면서 아래의 호칭어를 설명해 보십시오.

친할아버지	
친할머니	
외할아버지	
외할머니	
작은아버지	
고모	
외삼촌	
이모	
이종사촌	
고종사촌	
외사촌	

2. 결혼 후 남편의 가족을 부를 때

3. 결혼 후 아내의 가족을 부를 때

4. 부부간에 부르는 말

1) 신혼부부의 경우

아내: 자기야, 우리 오늘 영화 볼까?

남편: 우리 자기가 좋아하는 영화를 하나 보네?

2) 중년 부부의 경우

남편: 여보! 집에 두통약 있으면 좀 줘요.

아내: 머리 아프세요? 곧 가지고 올게요.

3) 노부부의 경우

아내: 영감! 나는 입이 좀 궁금한데, 당신은 어떠세요?

남편: 나도 아까 저녁을 부실하게 먹었더니 배고프네. 곶감 좀 가지고 와요.

연습 3

1. 맞는 내용끼리 연결하십시오.

1) 도련님	•	• 아내의 여동생
2) 아주버님	•	• 남편의 형
3) 이모	•	• 아버지의 누나 또는 여동생
4) 올케	•	• 남편 형의 아내
5) 처제	•	• 남편 동생의 아내
6) 형님	•	• 결혼하지 않은 남편의 동생
7) 동서	•	• 남동생의 부인
8) 고모	•	• 엄마의 언니 또는 여동생

2. 다음 대화에 어울리는 말을 빈칸에 알맞게 쓰십시오.

1) 가: 여보, __________ 생신이 언제지?

나: 어머니 생신? 8월 20일인데 왜요? 좋은 선물이라도 생각났어요?

2) 가: __________ 승진을 축하드립니다.

나: 고마워, 오늘 한턱낼 테니까 다 같이 나가지.

3) 가: __________ 졸업을 축하합니다.

나: 형수님, 고맙습니다.

4) 가: 누나가 어제 왕자님을 낳았대.

나: 그럼, 우리에게도 ________가 생기는 거네.

3. 다음의 호칭어를 설명해 보십시오.

호칭어	의미 설명
매형	
매제	
처제	
처형	
동서	
처남	
도련님/서방님	
아가씨	

활용

4~5명이 한 팀이 되어 역할을 정해서 대화를 만들고 호칭어를 사용하는 역할극을 해 봅시다.

제11과

토론하기

도 입

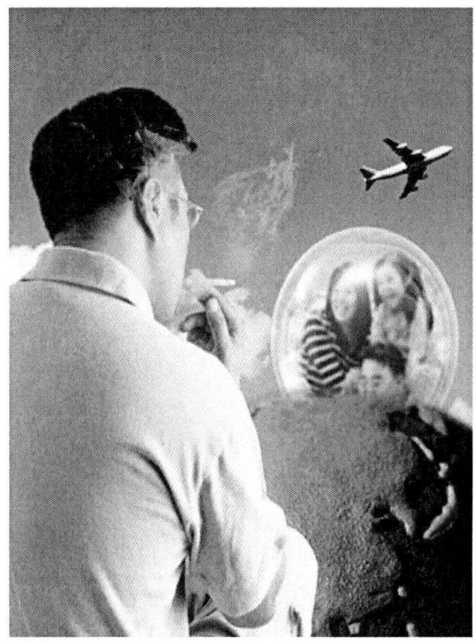

1. 여러분이 유학을 오게 된 동기는 무엇입니까?

2. 유학의 장단점을 이야기해 봅시다.

3. 여러분은 '조기 유학'에 대해 어떻게 생각합니까? 찬성합니까? 반대합니까?

4. 다음은 조기 유학을 반대하는 주장입니다. 어떤 방법으로 주장하고 있습니까?

저는 조기 유학을 보내는 것에 반대합니다.	*	* 근거 제시하기
왜냐하면 조기 유학으로 인해 가족이 떨어져 지내게 되어 결국 가정이 깨지게 되기 때문입니다.	*	* 주장하기
뉴스 보도에 의하면 홀로 남은 기러기 아빠들이 외로움을 참지 못해 결국 가정이 파탄나는 경우가 있다고 합니다.	*	* 대안 제시하기
만약 어린이에게 조기 영어 교육이 필요하다면 국내에서도 좋은 언어 프로그램을 마련하여 가르칠 수 있을 것입니다.	*	* 인용하기

표현 1 근거 제시하기

1. 다음은 두 주장에 대한 찬성과 반대의 근거입니다. 여러분의 생각도 추가하여 쓰십시오.

주장1 '외국어를 효과적으로 배우기 위해서는 조기 유학을 가는 것이 좋다.'

찬성의 근거

- 어릴 때 외국어를 배우는 것이 언어 습득에 도움이 된다.
- ______________________________.
- ______________________________.

반대의 근거

- 정체성에 혼란을 겪을 수 있다.
- ______________________________.
- ______________________________.

주장2 '필요하다면 가수들은 립싱크(lip sync)를 해도 된다.'

찬성의 근거

- 가수란 단지 노래를 부르는 사람이 아니라 엔터테이너이다. 관객에게 즐거움을 주기 위한 립싱크라면 해도 된다.
- ______________________________.
- ______________________________.

반대의 근거

- 노래를 부르는 것을 직업으로 하는 사람이 립싱크를 하는 것은 직무 유기이다.
- ______________________________.
- ______________________________.

2. 다음의 표현을 사용해 근거를 들어 찬성 또는 반대 의견을 제시하십시오.

-기 때문에

* 어릴 때 외국어를 배우는 것이 언어 습득에 도움이 **되기 때문에** 조기 유학을 찬성합니다.

-기 때문이다

* 저는 조기 유학을 찬성합니다. 어릴 때 외국어를 배우는 것이 언어 습득에 도움이 **되기 때문입니다.**

-(으)므로

* 어린 나이에 외국으로 유학을 가면 정체성에 혼란을 겪을 수 **있으므로** 조기 유학을 반대합니다.

-(으)ㄴ/는데다가 -(으)므로

* 정체성에 혼란을 겪을 수 **있는데다가** 비용 부담이 **크므로** 조기 유학을 반대합니다.

1) '외국어를 효과적으로 배우기 위해서는 조기 유학을 가는 것이 좋다.'라는 주장에 대해 근거를 들어 찬성 또는 반대의 의견을 제시해 봅시다.

* 찬성:
* 반대:

2) '필요하다면 가수들은 립싱크(lip sync)를 해도 된다.'라는 주장에 대해 근거를 들어 찬성 또는 반대의 의견을 제시해 봅시다.

* 찬성:
* 반대:

표현 2 인용하기

1. 다음 두 대화를 읽고 두 표현의 차이를 생각해 봅시다.

대화1

가: 여러분은 립싱크에 대해 어떻게 생각하십니까? 2011년에는 어떤 국회의원이 '립싱크 금지법'을 발의하기도 했는데 이에 대한 여러분의 의견을 말씀해 주십시오.

나: 가수는 당연히 노래를 잘해야 하므로 립싱크를 하면 안 된다고 봅니다. 그런데 한국 갤럽의 조사 결과에 의하면 립싱크를 하는 가수들이 예전에 비해 2배 이상 많아졌다고 합니다. 립싱크를 줄일 수 있는 대안이 필요하다고 생각합니다.

대화2

가: 한국 가수들은 노래를 하면서 춤을 정말 멋있게 추는 거 같아요. 정말 대단해요.

나: 아마 립싱크를 해서 그럴 거예요. 제 친구가 그러는데 요즘 립싱크를 하는 가수들이 너무 많아졌대요. 얼마 전에는 제 친구가 콘서트에 갔는데 콘서트에서도 립싱크를 했대요.

2. 격식적인 대화에서 인용의 출처를 밝힐 때 사용하는 표현을 연습해 봅시다.

-에 의하면

* 오늘 아침 **뉴스에 의하면** 한국에서 첫 여성 대통령이 **뽑혔다고 합니다.**

-(으)ㄴ 바에 의하면

* 김 교수가 **연구한 바에 의하면** 스마트 폰을 많이 사용한 학생들은 사회성이 현저히 **떨어진다고 합니다.**

-에 따르면

* 한 요리사의 **말에 따르면** 낙지는 밀가루로 씻어야 **한다고 합니다.**

* 최근 뉴스나 인터넷을 통해 알게 된 정보에 관해 이야기해 보십시오.

3. 비격식적인 대화에서 인용의 출처를 밝힐 때 사용하는 표현을 연습해 봅시다.

-이/가 그러는데 -대(요)

*** 민수가 그러는데** 다음 주에 우리 과 답사 **간대**.

-에서 봤는데/들었는데/읽었는데 -대(요)

*** 책에서 봤는데** 한국에서는 여자 친구에게 구두를 선물하지 **않는대요.**

* 친구에게서 전해들은 이야기나 책, 신문 등에서 읽은 것을 소개해 보십시오.

표현 3

◉ 상대방의 의견에 찬성하는 표현

* 저도 그 의견에 동의합니다(찬성합니다).

* 저도 ___ 씨와 같은 의견입니다. / 그 의견에 전적으로 동의하는 바입니다.

◉ 상대방의 의견에 반대하는 표현

* 저는 좀 다른 생각인데요. / 저는 생각이 좀 다릅니다.

* 저는 그 의견에 동의하기 어렵습니다. / 그 의견은 타당성이 없다고 봅니다.

◉ 상대의 의견에 완곡하게 반박하는 표현

* 반드시 -(으)ㄴ/는 것 같지는 않습니다.

* 그렇긴 하지만 / 씨의 말도 일리는 있지만

◉ 자세한 설명 요청하기

* 구체적으로 말씀해 주시겠습니까?

* 예를 좀 들어 주시겠습니까?

연습 1

아래의 〈보기〉와 같이 다른 사람의 의견을 듣고 그 의견에 반대해 보십시오.

〈보기〉

가: (영어 교육은 어릴 때부터 실시하는 것이 좋다.)

나: (영어 교육은 모국어를 배운 다음에 시작해야 한다.)

⇒ 가: **저는(제 생각에는)** 영어 교육은 어릴 때부터 실시하는 것이 **좋다고 봅니다.**

나: **전 좀 다른 생각입니다.** 영어 교육은 모국어를 배운 다음에 시작하는 게 바람직하다고 생각합니다.

1) 가: (외국어 교육은 교육 시기보다 교육 방법이 중요한 영향을 미친다.)

나: (교육 방법도 중요하지만 무엇보다도 일찍 가르치는 것이 중요하다.)

⇒ 가 : ______________________________.

나 : ______________________________.

2) 가: (길거리에서의 흡연은 개인의 자유이다.)

나: (길거리에서 흡연을 하면 다른 사람에게 간접흡연의 피해를 주므로 개인의 자유라고 볼 수 없다.)

⇒ 가 : ______________________________.

나 : ______________________________.

연습 2

아래의 〈보기〉와 같이 상대방의 주장을 듣고 그 의견에 완곡하게 반박해 보십시오.

〈보기〉

가: 혈액형이 A형인 사람은 소극적이고 내성적인 편입니다.

나: 혈액형이 A형인 사람은 소극적이고 내성적인 **편이라고 하셨는데 반드시 그런 것 같지는 않습니다.**

1) 가: 조기 유학은 비용 부담이 너무 크다.

나: ____.

2) 가: 길거리에서의 흡연은 다른 사람에게 피해를 주므로 금지해야 한다.

나: ____.

토론하기

1. 토론이란?

어떤 논제에 대하여 찬성자와 반대자가 각각 논리적인 근거를 제시하면서 자기 의견의 정당함과 상대방 의견의 부당함을 주장하는 것이다.

2. 토론의 목적

참가자들의 대립적인 주장을 통해 바람직한 결론에 도달하는 데 있다.

3. 토론의 특성

① 양쪽의 의견이나 입장의 차이가 분명하다.

② 논제에 대한 의견, 해결방안, 결론 등 미리 정해져 상호 대립되는 관계에 있다.

③ 자기의 주장과 근거의 정당성과 합리성을 입증한다.

④ 상대방의 주장과 근거의 모순과 문제점을 지적한다.

⑤ 논리적 방식으로 설득과 설명을 병행한다.

4. 토론의 조건

① 긍정이나 부정의 입장을 취할 수 있는 토론 주제가 있어야 한다.

② 토론을 공정하게 진행할 사회자가 있어야 한다.

③ 찬반 주장이 분명한 의견을 가진 토론자가 있어야 한다.

④ 발언 시간이나 순서 등 공평하게 정한 규칙이 있어야 한다.

5. 토론의 주제

의견이 찬성, 반대로 대립될 수 있는 것이어야 한다.

(예) 기여 입학제, 립싱크, 길거리에서의 흡연, 인터넷 실명제,
스크린 쿼터제, 사형제도, 청소년의 아르바이트, 학생 체벌 금지,
초등학생의 핸드폰 사용 제한, 안락사

6. 사회자의 역할

① 어느 한 쪽의 의견에 대해 편견을 가지면 안 된다.

② 토론의 규칙을 미리 알려준다.

③ 토론이 혼란해질 때 논점을 잘 정리해서 토론자에게 숙지시킨다.

④ 질문과 요약을 그때그때 삽입해서 토론의 진행을 돕는다.

⑤ 결론에 이르면 그것을 정리해서 분명히 한다.

표현 4

◉ **사회자가 토론을 시작할 때**

* 우리는 오늘 조기 유학에 대해서 토론을 하고자 합니다.

* 지금부터 조기 유학에 대한 토론을 시작하겠습니다.

* 오늘은 '조기 유학 꼭 필요한가'라는 제목으로 토론을 해 보겠습니다.

◉ **사회자가 토론을 진행할 때**

* 토론자들을 소개해 드리겠습니다.

* 찬성/반대 팀부터 말씀해 주시지요.

* 이에 대한 반대 의견이나 찬성 의견이 있으시면 말씀해 주세요.

* 다른 의견 있으십니까?

◉ **사회자가 토론을 마무리할 때**

* 두 팀의 의견을 듣는 가운데 어느새 우리에게 주어진 시간이 다 지났습니다.

* 지금까지의 이야기를 정리해 보면 ~ / 앞에서 논의된 것을 정리해 보면 ~

* 양 팀의 이야기를 들어본 결과 ~ / 이 주제로 논의를 해 본 결과 ~

* 이것으로 토론을 마치겠습니다.

◉ **토론자가 이야기를 시작할 때**

* 저는 조기 유학에 대해서 반대 의견을 말씀드리고자 합니다.

* 저는 조기 유학에 대해서 찬성하는 이유를 말씀드리도록 하겠습니다.

1. 다음은 '립싱크' 라는 주제로 토론을 시작하는 사회자의 말입니다.

인사/사회자 소개	여러분, 안녕하십니까? 오늘 토론의 진행을 맡은 000입니다.
주제 소개	**얼마 전** 한 국회의원이 '립싱크 금지법'을 발의해서 논란이 되고 있습니다. **립싱크란** 무대 위의 가수가 미리 준비한 반주곡과 노래에 맞추어 입만 벙긋대는 것을 말합니다. 이 법안을 발의한 이유는 가수는 당연히 노래를 잘해야 하므로 립싱크를 하면 안 된다는 것입니다. 그러나 댄스가수들의 퍼포먼스를 위해서 립싱크는 어쩔 수 없다는 의견이 팽팽히 맞서고 있습니다. **그래서 우리는 오늘'립싱크'라는 주제로 토론을 하고자 합니다.**
참석자 소개	**이 주제에 대해 토론하실 분들을 소개해 드리겠습니다.** 먼저 찬성팀으로는 한국 대중문화 연구소 000 박사님과 K-POP 발전위원회 000님께서 **나와 주셨습니다.** 그리고 반대팀으로는 한국 가수 연합 대표 000 이사님과 서울대학 000 교수님께서 **나와 주셨습니다.**
토론을 시작하는 말	그럼 우선 양 팀 대표들의 찬반 **의견을 들어 보도록 하겠습니다. 먼저 찬성 팀부터 말씀해 주시지요.**

2. 다음은 '립싱크' 라는 주제의 토론을 마무리하려는 사회자의 말입니다.

마무리를 도입하는 말	**양 팀의 의견을 듣는 가운데** 어느새 우리에게 주어진 시간이 다 지났습니다.
토론 내용의 요약	**지금까지의 논의된 내용을 정리해 보면** 가수란 노래를 부르는 것을 직업으로 하는 사람이므로 립싱크는 직무 유기라는 의견과 가수란 엔터테이너이므로 완벽한 공연을 위해서는 립싱크를 할 수 있다는 의견이 있었습니다. 그리고 대안으로 노래와 춤을 모두 완벽하게 보여 줄 수 있는 능력 있는 가수를 육성해야 하며 10대 위주의 음반 시장이 변해야 한다는 의견이 있었습니다.
결론	**이 주제로 논의를 해 본 결과** 가수의 정의 그리고 립싱크를 하게 되는 상황과 립싱크의 부정적인 면 등을 알 수 있었습니다. 립싱크를 하는 가수들에 대한 평가는 여러분에게 달려 있습니다.
끝내는 말	**이 토론을 통해** 가수들의 립싱크 문제를 이해하는 데 도**움이 되었기를 바라면서 토론을 마치려고 합니다**. 감사합니다.

연습 3

1. 여러분도 다음의 주제 중 하나를 골라 토론 사회자가 되어 시작하는 글을 써 보십시오.

① 인터넷 실명제

인터넷 실명제란 일정 규모 이상의 온라인 포털에 게시물이나 영상, 댓글을 올리기 위해서는 주민등록번호를 포함하는 개인정보를 통해 실명을 인증해야 하는 제도로 인터넷상 허위사실 유포나 명예훼손을 막기 위해 2007년 도입되었다.

② 안락사

안락사란 살아날 가망이 없는 환자를 본인 또는 가족의 요구에 따라 고통이 적은 방법으로 인공적으로 죽음에 이르게 하는 일을 말한다.

③ 기타 주제

인사/사회자 소개	
주제 소개	
참석자 소개	
토론을 시작하는 말	

2. 조기 유학(또는 인터넷 실명제)이라는 주제의 토론을 마무리하려고 합니다. 다음 표를 정리하고 이야기해 보십시오.

마무리를 도입하는 말	
토론 내용의 요약	
결론	
끝내는 말	

활동

1. 각 조별로 토론하고 싶은 주제를 하나 정하십시오.

2. 주제를 정한 후 찬성과 반대의 입장을 정하십시오.

3. 토론에 앞서 인터넷, 신문, 책 등을 참고하여 찬성 혹은 반대하는 데 필요한 근거와 실례, 통계 등을 조사해 오십시오.

4. 조사한 근거를 다음과 같이 정리해 오십시오.

주제	조기 유학
나의 입장	반대
근거1	가족이 서로 떨어져 지내야 한다. 자료) 기러기 아빠, 가족이 해체된 신문 기사
근거2	비용의 부담이 너무 크다. 자료) 1년 유학비용, 통계
근거3	아이가 어려서 외국 사회에 적응하지 못한다. 자료) 외국에서 적응하지 못하는 아이들의 신문 기사 또는 인터뷰 기사

5. 여러분이 준비한 주제에 대해 토론을 하십시오, 토론을 할 때는 다음 순서로 진행하십시오.

사회자의 소개 → 찬성 팀의 의견 발표 → 반대 팀의 의견 발표 → 작전 타임 → 반대 팀의 반론(질문) → 찬성 팀의 대답 → 찬성 팀의 반론(질문) → 반대 팀의 대답 → 사회자의 마무리

6. 토론 후 여러분 입장에 변화가 생겼습니까? 아니면 더 확신이 생겼습니까?

7. 오늘의 토론은 잘 이루어졌다고 생각합니까? 다음 사항에 대해 평가해 보십시오.

(5-아주 좋음, 4-좋음, 3-보통, 2-부족, 1-많이 부족)

조 이름	주제의 선정	토론 진행	토론 전략	토론 표현	사회자의 역할	적극적인 참여

제12과

연설하기

도입

1. 이 연설문은 누가, 누구에게 어떤 목적을 가지고 말하는 것입니까?

2. 연설자는 오늘날의 세계가 어떻다고 했습니까?

3. 연설자가 대학의 발전을 위해 제시한 것은 무엇입니까?

대학 총장 취임사

선문 가족 여러분! 오늘 저는 참으로 엄숙한 마음으로 이 자리에 섰습니다. 선문 대학 구성원 여러분의 부름에 따라 총장에 취임하게 되었습니다. 저는 먼저 하늘 앞에 깊은 감사를 올리며, 여러분 앞에서 재임하는 동안 학교발전을 위해 혼신의 노력을 다할 것을 다짐합니다.

오늘날의 세계는 경제적 규모는 확대되었지만 소외는 점점 커지고 있습니다. 이성과 과학은 극대화 되었지만 영성과 도덕의식은 더욱 메마르고 있습니다. 우리 모두가 함께 꿈꾸고 있는 공생공영의 인류 대가족의 비전은 어디에서 나와야 하겠습니까? 대학이 바로 그 비전의 창출지가 되어야 할 것입니다.

선문대학교를 아끼고 사랑하는 선문 가족 여러분! 우리 선문대학의 미래는 분명합니다. 선문대학은 건학이념에서 알 수 있듯이 사랑에서 출발했습니다. 선문의 사랑은 진취적이고 역동적이어서 세상을 개혁하는 힘입니다. 저는 선문대학의 발전을 위해 다음의 세 가지를 제시하고자 합니다.

첫째로 선문대학을 오늘의 사회를 바로 세울 가치관의 전당이 되게 하겠습니다. 대학은 그 사회 속에서 정신적 중심이며 미래를 여는 선구자적 역할을 수행해야 합니다. 가치관의 혼미시대에 선문대학은 이 사회와 미래를 밝히는 등불로서 그 사명을 다하게 할 것입니다.

둘째로 선문 공동체를 생명의 유기체로 만들어가겠습니다. 우리 모두는 한 생명공동체입니다. 어느 한 분야라도 소외되고 활력을 잃으면 모두의 생명성이 약해질 수밖에 없습니다. 바른 소통과 조직의 활력을 위해 대학의 행정과 관리에 있어서 공의로운 질서와 투명성을 최우선에 둘 것입니다.

셋째로 선문대학이 세계로 미래로 나아가게 하겠습니다. 우리의 목표는 대한민국에 있지 않습니다. 한국을 넘어 세계를 향해 큰 걸음을 걸을 것입니다. 우리 선문대학은 세계와 미래의 꿈을 충분히 이룰 수 있다고 봅니다. 우리 대학은 설립자 어르신의 세계적 기반을 갖고 있습니다. 뿐만 아니라 우리 선문공동체의 정신은 지역이 세계와 소통하는 글로컬(glocal)에 있기 때문입니다.

선문 가족 여러분! 오늘 이 자리에서 저는 여러분께 호소합니다. 나라와 세계의 희망이 바로 여기 선문대학교에 있다고 자신 있게 말할 수 있는 그날을 위해 우리의 정성과 힘을 모읍시다. 그리하여 선문대학이야말로 희망의 상징이라고 말할 수 있도록 합시다. 대학의 구성원인 교수와 학생, 교직원이 하나 되고, 우리와 지역사회와 세계가 소통할 때 선문대학은 분명히 미래로 통할 것입니다. 이 숭고한 행진에 한 몸으로 한 대열이 되어주시기를 바라면서 취임사를 대하고자 합니다. 감사합니다.

효과적인 연설을 위한 준비

1. 연설이란?

많은 청중을 상대로 하여 비교적 긴 시간 동안 어떤 사실을 설명하거 설득하는 공적인 말하기가 연설이다. 연설은 듣는 사람이 하나가 아니라 대중이기 때문에 군중 심리가 작용할 수 있다. 따라서 특별한 전달 형식을 익혀야 하며 이를 위한 연습과 경험도 필요하다.

2. 연설의 준비 과정

1) 연설의 목적을 결정하고 주제를 정한다.

- 환영사, 개회사, 선거 연설, 취임사, 대회사, 축사……
- 연설하고자 하는 내용을 한 문장으로 만든다.

2) 주제에 적합한 자료를 수집하여 내용을 '서론-본론-결론'으로 구성한다.

① 서론: 청중에게 무엇에 대해 말할 것인지를 소개한다. 청중의 관심을 불러일으키고 청중의 주의를 집중시킬 수 있도록 흥미 있는 내용을 다루어야 한다. 자신의 경력을 소개하거나 경험담, 실패담, 적절한 유머 등을 통해서 친근감과 신뢰감을 쌓을 수 있다.

② 본론: 전달하고자 하는 이야기를 논리적인 순서로 말한다. 이 과정에서 주제를 둘러싼 세부적인 문제들이 하나하나 진지하게 논의되어야 한다. 연설의 주제나 주어진 시간에 따라 다르겠으나 2~3개의 논점을 전개하는 것이 좋다.

③ 결론: 자신이 말한 이야기를 청중에게 다시 한 번 요약해 준다. 그 연설 전체를 통하여 연설자가 가장 하고 싶었던 말을 간결하고 명확하게 제시하고 강력한 인상을 남길 수 있도록 표현해야 한다.

3) 청중 분석

① 청중의 나이, 성별, 성향, 사회적 계층, 교육 정도, 직업 등을 고려한다.

② 연설하는 장소, 시간 등의 상황과 환경을 고려한다.

③ 연설하는 동안 청중의 반응을 고려한다. (청중이 웃는가, 집중하는가 등)

3. 효과적인 말하기 방법

① 되도록 짧은 문장을 사용한다.

② 핵심 포인트를 반복해서 말한다.

③ 이야기 방향을 나타내주는 안내 표지들을 사용한다.

- 지금은, 첫째로, 둘째로, 이제 화제를 옮겨, 반면에, 결론적으로 등

4. 연설문을 작성한 다음 자연스런 음성과 몸짓이 되도록 연습을 한다.

표현 1

1. 다음 연설문의 빈칸에 알맞은 말을 찾아서 넣고 연설하는 것처럼 읽으십시오.

◉ 제 생각에 / 제가 생각하기에	* **생각 말하기**
◉ 제 경험에 비추어 볼 때도	* **경험 말하기**
◉ -(이)야말로	* **강조하기**
◉ -(이)라는 말이 있습니다 / -에 의하면 -다고 합니다	* **인용하기**
◉ -게 마련입니다	* **일반적인 법칙 말하기**
◉ -에 대해 말씀드리고자 합니다	* **화제 제시하기**
◉ 왜냐하면 -기 때문입니다	* **주장의 근거 말하기**
◉ 지금까지의 내용을 한마디로 요약하면	* **주장 정리하기**

제목: 한국어 실력을 높일 수 있는 효과적인 방법

여러분 안녕하십니까? 저는 한국에 유학 온 지 3년이 되는 중국 유학생 OOO입니다. 한국에서 유학생활을 하면서 가장 큰 문제는 언어일 것입니다. 여러분도 언어 때문에 어려움을 겪은 적이 있지요? 그래서 저는 한국어 공부를 시작하는 여러분들에게 한국어 실력을 높일 수 있는 ① ________________________.

② ________ 한국어 실력을 높일 수 있는 가장 효과적인 방법은 자신감을 갖는 것입니다. ③ ____________ 자신감이 없는 외국인 유학생들은 혹시 자신이 말하는 한국어가 틀릴지도 모른다는 두려움 때문에 한국어로 말하지 않는 경우가 많기 때문입니다. 교과서의 내용보다는 살아 있는 언어를 자주 접해야만 유창하게 한국어를 할 수 입습니다. 그러려면 자신감을 갖고 한국 사람과 자주 얘기해야 한국어 실력을 높일 수 있습니다. ④ ________ ____________ 문법이 틀리든지 맞든지 걱정하지 않고 말하고자 하는 것을 한국 사람들과 자주 이야기한 학생들은 한국어 실력이 좋아지는 경우가 많았습니다.

이와 같이 언어를 배울 때는 '뻔뻔함과 배짱'이 필요합니다. 자신감을 갖고 자주 한국 사람들과 이야기를 하다 보면 한국어 실력이 ⑤ ________________. 여러분은 그렇게 생각하지 않으십니까?

어떤 사람들은 외국어를 배울 때 쑥스럽거나 실수가 두려워서 말하는 것을 주저할지 모릅니다. 하지만 그러한 태도는 발전하는 데 방해가 됩니다. 옛말에 '연습이 완벽을 낳는다.' ⑥ ________________. 여러분도 자신감을 갖고 한국 사람들과 한국어 연습을 많이 하시기 바랍니다.

⑦ ________________________________ 자신감을 갖고 한국 사람들과 이야기를 많이 하는 것 ⑧ _______ 한국어 실력을 높일 수 있는 가장 효과적인 방법이라는 것입니다.

연습 1

1. 일반적인 법칙을 말할 때 사용하는 표현을 연습해 봅시다.

- 게 마련이다, -(으)ㄴ/는 법이다

1) 겨울이 지나면 ______________________.
2) 어린아이는 어른의 행동을 보고 그대로 ______________________.
3) 직접 체험한 것을 쉽게 ______________________.
4) 윗물이 맑아야 아랫물이 ______________________.
5) 서두르다 보면 ______________________.

2. 자신의 경험을 말할 때 사용하는 표현을 연습해 봅시다.

제 경험에 비추어 볼 때, 제 경험으로 볼 때, 제가 겪은 바에 따르면

1) 경험을 바탕으로 대학생활을 성공적으로 할 수 있는 방법에 대해 이야기해 보십시오.

2) 경험을 바탕으로 한국어 실력을 키울 수 있는 방법에 대해 이야기해 보십시오.

3. 강조할 때 상용하는 표현을 연습해 봅시다.

-(이)야말로, 그렇지 않습니까?, 그렇게 생각하지 않으십니까?

1) 성적을 잘 받을 수 있는 가장 효과적인 방법을 강조해서 이야기해 보십시오.

2) 여러분이 생각하는 가장 효과적인 한국어 공부 방법을 강조해서 이야기해 보십시오.

4. 오늘 배운 표현을 사용해서 연설문을 작성하십시오.

1) 여러분은 인생에서 가장 중요한 것이 무엇이라고 생각합니까?

(예) 돈, 명예, 친구, 사랑, 가족, 건강, 믿음

핵심 주장	나는 인생에서 가장 중요한 것은 ______(이)라고 생각한다.
주장하는 근거	
인용하기	
일반적인 법칙 말하기	
경험 말하기	
강조하기	
주장 요약하기	

2) 정리한 내용을 가지고 연설을 준비하고 발표해 보십시오.

표현 2

다음 연설문을 읽고 여러 표현 기법을 찾아봅시다.

여러분 링컨 대통령의 '게티즈버그'연설에 대해 아십니까? 그 연설은 약 300단어로 2~3분 정도의 분량이었습니다. 그렇지만 이 연설은 링컨 대통령보다 앞서 2시간 동안 연설한 하버드 대학의 총장의 말보다 더 감동적이었고 지금까지도 그 연설문이 남아 있습니다. 대중에게 감동을 주고 설득을 시키는 연설은 그 분량에 달려 있지 않습니다.

여러분은 대중 앞에서 연설을 해 본 적이 있습니까? 어떻게 해야 연설을 잘할 수 있을까요? 오늘 제가 말씀 드리고자 하는 것은 바로 어떻게 하면 연설을 효과적으로 할 수 있는가 하는 것입니다. 물론 여러 가지 방법이 있겠지만, 이 시간에는 연설을 잘하기 위해 고려해야 할 두 가지 요소를 말씀 드리도록 하겠습니다.

연설을 잘하기 위해서는 먼저, 청중을 분석해야 합니다. 연설은 많은 청중을 상대로 하여 어떤 사실을 설명하거 설득하는 것이기 때문에 청중에 대해서 미리 충분히 알고 있어야 합니다. 그래서 연설을 하기 전에 청중의 나이, 성별, 사회적 계층 등이 어떤지 분석하고 연설을 준비해야 합니다. 예를 들어 청중의 대다수가 학생인데 주부들에게 유행하는 유머를 준비했다면 외면당하기 마련입니다. 연설은 청중을 이해시키는 것이 목적이므로 쉽고 흥미 있게 핵심을 전달해야 합니다.

다음으로, 연설의 핵심이라 할 수 있는 연설 내용입니다. 특히 도입부와 마지막 부분에 역점을 둘 필요가 있습니다. 도입부에서는 청중의 호감을 끌 수 있도록 자신의 경험담을 얘기하거나 유머로 시작하는 것이 좋습니다. '웃기는 스피치가 성공한다.'라는 말이 생길 정도로 요즘은 대화나 연설에 있어서 유머는 빠질 수 없는 중요한 요소가 되고 있습니다. 또한 격언 중에 '짧은 말에 오히려 많은 지혜가 감추어져 있다.', '진리의 말은 단순하다.'라는 말이 있습니다. 연설자는 되도록 짧은 문장을 사용하여 핵심을 말하는 게 좋습니다. 그리고 마지막 부분에서는 핵심 내용을 요약해 주고, 중요한 내용을 강조하십시오. 청중들은 인상적인 마지막 부분을 오래 기억할 것입니다.

다시 한 번 여러분에게 강조하고 싶은 것은 연설의 목적이 청중들을 이해시키기 위한 것이라는 점입니다. 청중의 입장에서 연설을 준비한다면 누구나 좋은 연설을 할 수 있을 것입니다.

지금까지 저는 연설을 효과적으로 하기 위해 고려해야 할 두 가지 요소 청중 분석, 연설 내용을 중심으로 이야기했습니다. 여러분이 사회생활을 하면서 연설할 기회를 갖게 될 때 오늘 제 이야기가 조금이나마 도움이 되기를 바랍니다. 감사합니다.

1. 다음은 위의 내용을 정리한 것입니다. 빈칸에 알맞은 내용을 쓰십시오.

주제	효과적인 연설을 위해 고려해야 할 요소
서두	• 예화 제시: ________________ • 화제 제시
내용	
① ________	• 연설이란: ________________ • 성별, 연령층, 사회적 계층 등에 대한 사전 조사 • 연설의 목적: ________________
② ________	• 도입부: ________________ 인용: ________________ • 되도록 짧은 문장을 사용하여 핵심을 말함 • 격언: ________________ ________________ • 마지막: ________
마무리	• 강조: ________________ • 요약 및 당부

2. 다음 중 발표의 시작에 해당하는 것과 중간, 마무리에 해당하는 것을 구분하십시오. 또, 어느 부분을 보고 그렇게 판단했는지 이야기해 보십시오.

1) 오늘 제가 말씀 드리고자 하는 것은 효과적인 연설 방법에 대한 것입니다. (　　)
2) 이상으로 저희 회사 신제품에 대한 소개를 마치겠습니다. 궁금한 것이 있으시면 언제든지 문의하시기 바랍니다. (　　)
3) 여러분 '북극의 눈물'이라는 영화를 보셨습니까? 이 영화는 환경오염으로 인해 북극의빙하가 녹고 있는 문제를 다룬 영화인데 지금부터 저는 실제 사례들을 바탕으로 환경오염의 심각성에 대해 이야기하고자 합니다. (　　)
4) 오늘 소개할 황토 온돌은 이미 12개국에서 국제 특허를 획득한 제품입니다. 이 자리에서 제품의 우수성을 차근차근 설명 드리도록 하겠습니다. (　　)
5) 지금까지 컴퓨터의 기본 원리에 대해 간단히 말씀 드렸습니다. 다음으로는 컴퓨터가 우리 생활과 얼마나 밀접한 관계를 맺고 있는지 준비된 자료 화면을 보며 말씀 드리고자 합니다. (　　)
6) 셋째로는 대인관계입니다. 대학은 다양한 대인관계를 경험할 수 있는 곳입니다. 다양한 선후배 그리고 친구를 사귄다면 나중에 사회에 나가서 많은 도움이 될 것입니다. (　　)

3. 연설문에서 강사는 강의를 효율적으로 하기 위해 여러 가지 표현 기법을 사용하였습니다. 1~8의 예를 보고 해당하는 표현 기법의 번호를 쓰십시오.

가. 화제 제시하기	나. 인용하기
다. 근거 제시하기	라. 강조하기
마. 요약하기	바. 순서에 따라 설명하기
사. 당부하기	아. 예시하기

1) 오늘 제가 말씀 드리고자 하는 것은 어떻게 하면 연설을 효과적으로 할 수 있는가 하는 것입니다. (　　)
2) 먼저 청중 분석에 대해서 말씀 드리겠습니다. 다음으로, 연설의 핵심인 연설 내용입니다. (　　)

3) 연설은 많은 청중을 상대로 하여 어떤 사실을 설명하거 설득하는 것이기 때문에 청중에 대해서 미리 충분히 알고 있어야 합니다. (   )

4) 예를 들어 청중이 주로 10대인데 40대가 관심을 가질 만한 유머를 들려준다면 당연히 외면을 당하게 됩니다. (   )

5) 옛 속담에 '진리의 말은 단순하다.'라는 말이 있습니다. / 한 연구 결과에 의하면 웃기는 스피치가 성공한다고 합니다. (   )

6) 다시 한 번 여러분에게 강조하고 싶은 것은 발표의 목적이 청중들을 이해시키기 위한 것이라는 점입니다. (   )

7) 지금까지 저는 효과적인 연설을 위해 고려해야 할 두 가지 요소, 청중 분석과 연설 내용을 중심으로 이야기했습니다. (   )

8) 여러분이 사회생활을 하면서 연설할 기회를 갖게 될 때 오늘 제 이야기가 조금이나마 도움이 되기를 바랍니다. (   )

연습 2

다음 주제 중 한 가지를 골라 발표 준비를 해 봅시다. 제시할 내용을 간단히 메모한 후 주어진 표현을 이용하여 발표의 일부를 만들어 보십시오.

환경 보호 / 성공적인 대학 생활 / 진정한 행복이란? /기타 자유 주제

표현 기법	
① 화제 제시하기	오늘 제가 말씀 드리고자 하는 것은 ________에 대한 것입니다. 오늘 저는 ________________________에 대해 말씀드리고자 합니다.
② 인용하기	____에 '________________________________'는 말이 있습니다. ____에 의하면 ________________________________다고 합니다.
③ 근거 제시하기	____기 때문에 ______. / 왜냐하면 ______________기 때문입니다.
④ 순서에 따라 설명하기	먼저 _______. 다음으로 _____. 마지막으로 ________________.

⑤ **예시하기**	예를 들어 ____.
⑥ **강조하기**	다시 한 번 여러분에게 강조하고 싶은 것은 ________________입니다.
⑦ **요약하기**	지금까지 저는 _________________________에 대해서 이야기했습니다. 지금까지 내용을 요약하면 _________________________________.
⑧ **당부하기**	제 발표가 ____________________________________기를 바랍니다.

활동

미리 작성한 연설문을 가지고 조별로 발표해 봅시다.

1) 한 명씩 돌아가면서 자신의 연설문을 발표하십시오.

2) 다른 사람의 연설을 들으면서 질문이나 덧붙이고 싶은 말을 메모하십시오.

3) 다음 표를 참고하여 가장 설득력이 있다고 생각하는 연설을 뽑으십시오.

(5-아주 좋음, 4-좋음, 3-보통, 2-부족, 1-많이 부족)

이름	창의성	유머	논리성	유창성	정확성	종합

저자 소개

라혜민
선문대학교 교양대학 교수
선문대학교 교육대학원 교수
선문대학교 한국어교육원 교수

우인혜
선문대학교 한국언어문화학과 교수
선문대학교 대학원 한국학과 교수
한국어교육 전공

김순우
선문대학교 교양대학 교수
선문대학교 한국어교육원 교수
한국어교육 전공

화법 강의

2013년 1월 30일 인쇄
2013년 1월 30일 발행

공 저: 라혜민, 우인혜, 김순우
발행인: 황 선 조
발행처: 선문대학교 출판부
충남 아산시 탕정면 갈산리 100
Tel. (041)530-2827, Fax. (041)530-2979
등록번호 제9호
등 록 일 1998년 9월 25일

ISBN 978-89-8423-710-0